無農薬
サラダガーデン

和田直久

家庭菜園は無農薬で

　農薬を使わずに、サラダガーデンをつくってみませんか。
　サラダガーデンには3つの魅力があります。
　まず、新鮮で美味しいこと。たとえば、よく育つように何枚かを間引いたレタスの若葉(ベビーリーフ)は、とろけるように柔らかく、一度食べたらやみつきになります。間引いた人参は天ぷらやサラダ向きです。これらは、首都圏の八百屋さんやスーパーには出回りません。
　そして、いうまでもなくヘルシーです。
　さらに、おしゃれです。たとえば、トマトのまわりにバジルを植えてみませんか？　トマトサラダが美味しくなるだけでなく、緑や赤のバジルで素敵なサラダガーデンのできあがりです。しかも、トマトとレタスをいっしょに植えると、両方が元気に育つ効果もあります。
　この本は、初心者でも無農薬でサラダ用の野菜をつくるコツを、わたしの家庭菜園歴60年の経験からまとめました。サラダといっても、葉物やトマトなどだけでなく、大根やジャガイモなど幅広く扱っています。病気や害虫の防ぎ方を工夫し、適切な時期に栽培すれば、農薬は必要ありません。
　初めに、第Ⅰ部に目を通してください。土、肥料、適地適作など基本的な内容をわかりやすく整理しました。たとえば、キュウリの根には害虫のネコブセンチュウがつきやすいのですが、ネギをいっしょに植えるだけでつかなくなります。落ち葉や生ごみは施し方しだいで土を豊かにし、病気を減らす効果が期待できます。一度使ったプランターの土も、再利用可能です。
　第Ⅱ部は、実際に無農薬でつくるノウハウです。畝(うね)のつくり方、種の播き方や苗の植え方、元肥(もとごえ)や追肥(ついひ)の与え方、収穫方法など、できるだけ具体的に細かい数字をあげて説明しています。

また、できるだけ労力をかけないように工夫しました。

　そして、初心者向けのベビーリーフから始めて、レタスについて詳しく書きました。これは、レタスをきちんとつくりこなせれば、初心者には無農薬ではむずかしいともいわれるキュウリや、トマトもミニトマトならば上手に栽培できると考えているからです。多くの野菜が好む土や肥料は似ています。たとえば、レタスと小松菜、ホウレン草、カブはまったく同じ肥料でつくれるし、トマトは少し変えるだけです。

　畑でのつくり方に加えて、プランターでもつくれる野菜の場合は、その栽培方法も書きました。畑や市民農園を借りられない人でも、庭、ベランダ、そして室内でも野菜は栽培できます。

　畑の畝の幅は作業しやすい90〜110cm、プランターは長さ約60cm、幅約20cm、深さ約15cmの標準型としました。また、栽培カレンダーは首都圏の気候を基準としています。基本的に、畑とプランターに共通です。

　なお、野菜には種を畑に直接播いて育てるものと、苗をポットに植えて育ててから畑へ移植するものがあります。前者は、生育期間が短いホウレン草やレタスなどの葉物、根が傷つきやすい大根のような根菜類です。後者は、苗が弱いトマトやキュウリなどです。また、農具の上手な選び方を6〜7ページに、種や苗の上手な選び方を8〜10ページに紹介しています。参考にしてください。

　この本に書いてあることをきっちりマスターしたら、あなたは1年中サラダガーデンを楽しめるでしょう。

2007年4月

　　　　　　　　　　　　　　　　　和田　直久

家庭菜園は無農薬で 2

農具の上手な選び方 6

種や苗の上手な選び方 8

I 無農薬栽培の基本 11

1 害虫や病気を防ぐ技 12
2 土や微生物の働き 18
3 堆肥のつくり方と与え方 22
4 肥料のバランスと選び方 26
5 寒さと虫から守るカバーリング 32
6 適地適作を心がけよう 36
7 連作を避ける 42
8 コンパニオンプランツを利用する 44
9 畝の幅を広くして、いろいろな種類をつくる 48
10 プランター栽培のポイント 56

無農薬サラダガーデン

II 無農薬の野菜づくり 65

1 ベビーリーフ 66
2 レタス 72
3 春菊 78
4 アブラナ科の葉物 80
5 ブロッコリー など 84
6 ホウレン草 86
7 フダン草(チャード) 90
8 ネギ類 92
9 大根 96
10 ラディッシュ(廿日大根) 100
11 カブ 102
12 人参 108
13 ジャガイモ 112
14 トマト 116
15 ピーマン・トウガラシ 122
16 キュウリ 126
17 エンドウ 130
18 インゲン 134
19 パセリ 138
20 バジル 140

CONTENTS

農具の上手な選び方

農作業に合わせて農具を選ぶ

まず、私が現在おもに使っている農具をお見せしましょう（写真）。私はここ4〜5年、まったく鍬を使っていません。なぜでしょうか？

畑を耕すとき、15cm未満掘る場合は、鍬のほうが有利かもしれません。家庭菜園用の鍬は、刃の長さが20cm以下だからです。しかし、もっと深く掘る場合は、刃の長さが35cm（一番多く売られているタイプ）あるスコップのほうが有利だと思います。

畝をつくるときは、5cm程度ならホーのほうが鍬より軽く、柄が刃に垂直に付いているので、土をかき寄せるのが楽です（逆三角形の刃に柄が付いた三角ホーも、使いやすい）。トマトのように20cmぐらい畝を高くするときはスコップの出番でしょう。畝をならすときもホーでしょう。ただし、人参の種を播くときのようにとくにきれいにならす場合は、熊手が有利です。

溝をつくるときは、20cm以上の深い場合はスコップの出番でしょう。逆に5cm程度の浅いものは、ホーに軍配が上がります。堆肥を入れるときなど深く穴を掘る場合は、スコップが一番です。苗などを植える場合は、移植ごてや手の指を使うと上手にできます。

このほか家庭菜園では、ある場所の土を他の場所に運ぶ作業が多いものです。スコップや移植ごてはこの作業に適しています。ホーや熊手もかき寄せる機能があるので、利用可

表1 家庭菜園で使う農具

	スコップ	鍬	移植ごて	ホー	熊手
深く耕す	◎	○	×	×	×
浅く耕す	○	◎	×	○	×
高い畝をつくる	◎	○	×	△	×
低い畝をつくる	×	○	×	◎	△
深い溝を掘る	◎	○	×	△	×
浅い溝を掘る	△	○	△	◎	×
軽くならす	×	△	×	◎	○
ていねいにならす	×	△	×	○	◎
深い穴を掘る	◎	○	△	×	×
浅い穴を掘る	×	○	◎	○	×
土を運ぶ	◎	△	◎	○	○

能です。**表1**に、さまざまな農作業のときに何を使うのが適切かを整理したので、参考にしてください。

広さを考えて農具を選ぶ

　仮に1坪菜園程度であれば、両手で使う農具は必要ないでしょう。大きな農具を狭い場所で使うと、野菜に触れて傷めることが多いからです。熊手も、片手で使える柄の短いものがあります。

　ベランダ菜園では雑草が生えませんから、草取り用の爪鎌は不要で、活躍するのは移植ごてとじょうろです。私は畑でも4ℓ入りのじょうろを2つ使っています。おもに、乾きすぎのときの水やり用です。ハス口(じょうろやホースの先に付ける部品。水をシャワー状に出すために小さい穴がたくさん開いている)は、人参のように繊細な種を播くときに使います。

体力に応じて農具を選ぶ

　私がベランダで使うじょうろは2ℓ入りです。毎日に近い水やりとなると、今年76歳になる私にとっては軽いほうがよいからです。昨年、妹の庭で小さめのスコップを使ったところ、楽でした。基本的には、農具は大きいほど能率が上がりますが、自分の体力に合わせてそろえるべきでしょう。

　いま私が耕している菜園の土は重い粘土質です。こういう場所では、フォークのような刃の形の3本鍬が使われてきました。やはり軽い点が長所です。

農具をそろえるのは慎重に

　「家庭菜園を始めるから、農具をまず買いに行こう」という考え方は止めましょう。買いすぎると置き場所に困ります。私が無農薬に傾いた大きな理由は、噴霧器と農薬を置くスペースの問題でした。

　できるだけあるものを使い、代用品ですますことを考えましょう。第Ⅱ部では種を播く浅い溝を掘るとき、しばしば細い板を使っています。これは日曜大工のときに出た廃材の利用から出た知恵です。細い溝をつけるためだけならば、プランターの場合はプラスチックの定規も使えます。

種や苗の上手な選び方

① どこで買えばいいのか

住まいの近くにガーデンセンターや種苗店を見つける

　家庭菜園を成功させるためには、住まいの近くにいいガーデンセンターや種苗店を見つけることが重要です。なるべく多くのセンターや店を回り、これぞというところを近くに見つけましょう。近くを勧める理由は、地域の気候や風土に適した品種がそろっている可能性が高く、種播きや植え付けの適期をよく知っているから。とくに、それは苗を選ぶ場合にあてはまります。私は引っ越しをして、それを痛感しました。

　いい店の条件
　①野菜の複数の品種の種や苗が季節を問わず並んでいる。
　②店員が親切で、店頭にない商品の入荷日を教えてくれたり、取り寄せてくれる。ただし、栽培についてのアドバイスはあまり期待しないほうがいい。実際に野菜を栽培している店員は少ないし、栽培していても条件が異なる。
　③よく売れている。優秀な生産者が納めている場合が多い。

　通信販売のメリット
　①多くの品種のなかから選べる。
　②店頭には並ばない品種が手に入る。たとえば127ページであげた四葉(スーヨー)キュウリは美味しいので評判だが、一般のガーデンセンターや種苗店ではまず見つからない。通信販売なら、改良品種を含めて手に入る。
　③カタログを読んで、じっくり選べる。ただし、読みこなす能力が必要だ。たとえば、栽培カレンダーは同じカタログに載っている品種の比較には役立つが、他社のものとの比較には役立たない。同じような品種の栽培時期が1カ月も違ったりする。また、カタログに書かれている栽培時期が、住んでいる地域と1カ月近くずれている場合もある。さらに、有利な点しか書いていな

い。たとえば、ある品種に「サラダに適する」と書いてあったとすれば、そのほかの品種は「適さない」と判断するぐらいの皮肉な目が必要だ。

ホームセンターや100円ショップでの選び方

ホームセンターや食品スーパーの店頭にも、よく種は並んでいます。これらは種苗会社が卸しているので、品質に問題はありません。ただし、戸外に置かれているケースが多く、太陽の光にさらされると品質が悪化します（ガーデンセンターでも、しばしば見られる）。

100円ショップでも種は売られているが、余りものが多いので、あまりお勧めできません。買うときは袋の裏に掲載された品質保持期限に注意しましょう。一方、プランターや移植ごてなどの園芸用品は品質が悪くないので、お勧めできます。また、化学肥料の場合は品質が保ちやすいので、袋の裏にきちんと品質表示があれば利用してもいいでしょう。

2 何を選べばいいのか

ポイントは家庭菜園向きかどうか

多くの種苗は農家向きに改良が重ねられてきました。けれども、農家と家庭菜園では、要求事項に大きな違いがあります。

たとえば、農家は一斉に収穫でき、形がそろう品種を望みます。家庭菜園ではそれは重視されません。また、多くの農家は農協を通して青果市場やスーパーに出荷するから、味より見かけ重視になりがちです。家庭菜園では、見かけはそれほど重要ではありません。そして、一般的な野菜栽培農家は連作を続け、堆肥などの有機物をあまり与えません。そこで、病気や害虫に強い品種が重視されます。しかし、この本で述べたように堆肥を多く与え、連作を避け、混植すれば、病気や害虫の被害を受けてもある程度は収穫できます。

家庭菜園向きの品種には、①収穫期間が長く、②病気や害虫への強さはそこそこ、という特徴があります。味を重視するか見かけを重視するかは、判断に

よります。

日本の伝統品種（在来種）にトライする

味にこだわる人には、日本の伝統品種はお勧めです。一斉に収穫されるような改良が進んでいない点が、家庭菜園に向いています。ただし、栽培できる地域が限られている場合もあります。また、根菜類（大根・人参・カブ）の品種の多くは、生食に適しません。

信頼できる会社のカタログから「家庭菜園向け」を選ぶ

以下の５社は、私の経験から信頼できます。

①タキイ種苗株式会社直売部

〒600-8666 京都市下京区梅小路通猪熊東入南寿町80　電話 075-365-0140

野菜の種に関しては世界的にトップクラス。取り扱い品種も多く、種苗以外に花類、果樹、園芸用品なども扱う。カタログも充実している。

②株式会社サカタのタネ通信販売部

〒224-0041 横浜市都筑区仲町台2-7-1　電話 045-945-8824

一部伝統品種の種苗も扱う。花や園芸用品なども扱う点やカタログの充実度はタキイと並ぶ。

③株式会社大和農園通信販売部

〒632-0077 奈良県天理市平等坊町110　電話 0743-62-1185

家庭菜園のベテランに評価が高い。

④野口種苗研究所

〒357-0038 埼玉県飯能市仲町8-16　電話 042-972-2478

日本の伝統品種の種を多く扱うことで有名。品質もしっかりしている。

⑤光郷城畑懐（こうごうせいはふう）

〒430-0851 静岡県浜松市中区向宿2-25-27　電話 053-461-1482

④よりは少ないが、伝統品種を中心に種や苗、さらに土も一部扱う。とくに苗はお勧め。家庭菜園レベルでの試作をしたうえで販売している点が長所。

I 無農薬栽培の基本

1 害虫や病気を防ぐ技

　ここで書いた内容は、当たり前のことと思われるかもしれません。でも、こうした基本を知らずに、好きな野菜を無理につくろうとする人がけっこういるのです。この基本を守って野菜を栽培すれば、無農薬サラダガーデンは決して夢ではありません。

害虫がつきにくい種類をつくる

　害虫が一般に嫌うのは、次の4つです。
❶香りが強い、❷苦い、❸渋い、❹辛い。
　たとえばほとんどのハーブは、みなさんご存知のように特有の香りを発して害虫の被害を防いでいます。ネギの仲間も同様です。また、ニガウリにはめったに害虫がつきません。苦みが害虫に嫌われるのでしょう。春菊や多くのレタス類も、同じ理由で害虫がつきにくい野菜です。
　辛いほうの代表はトウガラシ。人間にはあまり辛みが感じられないピーマンにも、ほとんど害虫はつきません。ネギは、香りに加えて辛みも害虫を撃退するのに役立っているようです（ただし、カラシ菜は発芽当初は辛み成分がそれほど多くないため、被害にけっこうあう）。また、日本ホウレン草は、寒くなる前には渋みを中心とするアクが多くなるので、害虫がつきません。
　逆にほとんどの虫は、甘い味を好みます。私は水分が多くて甘い水ナスをよくつくりますが、普通のナスよりもテントウムシダマシが葉に多く集まります。また、アリはアブラムシを保護しますが、それはアブラムシの尻から出る甘い液を吸うためです。なお、冬を越した日本ホウレン草には鳥の被害がよく出ます。これは、寒くなるとアクが抜けて、逆に甘くなるからです。
　害虫がつかない、あるいはついてもあまり被害が出ない野菜やハーブを**表1**にまとめました。ここに載っている

表1　多くの害虫が嫌う野菜やハーブ

科　名	品　名
ナス科	ミニトマト、ジャガイモ、ピーマン、トウガラシ
ウリ科	ニガウリ、カボチャ
ユリ科（ネギ属）	ネギ、アサツキ、ワケギ、玉ネギ、ニラ、ニンニク、ラッキョウ、チャイブ*
キク科	レタス(リーフレタス、サンチュ)、春菊、フキ、ゴボウ
セリ科	人参、セリ、セロリ、三つ葉、パセリ、アシタバ、チャービル、フェンネル、コリアンダー、ディル
ショウガ科	ショウガ、ミョウガ
アカザ科	フダン草
マメ科	インゲン、エンドウ
ヒルガオ科	サツマイモ、空心菜**
サトイモ科	里芋、クワイ
シソ科	シソ、セージ、タイム、バジル、ミント、ローズマリー
その他	ツルムラサキ、ヒユ菜***、モロヘイヤ

*　葉が細く短い。ネギ臭さがなく、柔らかで、サラダに合う。
**　別名エン菜。若い葉や茎を摘んで汁の実や炒め物、サラダにする。
***　おひたしや炒め物にする中国野菜。

野菜やハーブをつくれば、農薬を使わないでもある程度はきっと収穫できるでしょう。今後の参考のために、この本では扱わない種類も含めてあります。

　ただし、同じレタスでも結球するレタスはヨトウムシの被害がよく出ます。結球や品種改良によって、苦みの成分が減ったのが原因でしょう。このように、人間が好みに合うように改良した品種は、結球レタスに限らず害虫に弱いことがよくあります。

害虫や病気が少ない時期に栽培する

❶涼しいときは害虫が活動しにくい

　気温が下がると、害虫や病原菌の活動が鈍ります。私の経験では、冬に害虫や病気で困ったことはあまりありません。たとえば小松菜は、涼しいときならば、とてもつく

りやすい野菜です。しかし、八重桜が咲くころになると、アオムシ、ヨトウムシ、コナガなどの害虫が攻撃してきて、見るも無残な姿になってしまいます。

小松菜だけではありません。家庭菜園で人気があるラディッシュ（廿日大根）、小カブ、水菜、チンゲン菜をつくる時期は、秋から翌春までにしてください。左の写真は、コナガにやられたチンゲン菜の惨状（7月中旬）。葉に点々と穴が開いています。卵を芯芽に産みつけ、かえった幼虫が芯のまわりの若い葉を食べるのです。

ただし、いつも同じ時期に害虫が発生するとは限りません。2006年の春は、アオムシの卵を野菜の葉に産みつけるモンシロチョウの発生が、首都圏では約1カ月遅れました。

また、気候があまり変わらなくても、場所によってかなり状況は違います。私が05年まで住んでいた東京都八王子市では、ゴールデンウィーク明けからヨトウムシの被害が甚大でしたが、いま住んでいる埼玉県東南部の八潮市では、5月末になっても素人の畑で大根がたいした被害もなく育っていました。周囲に野菜をつくる農家が多いので、彼らが農薬を使ってヨトウムシを根絶したのかもしれません。

❷猛暑はほとんどの害虫が嫌う

夏には、小松菜やブロッコリーのようなアブラナ科の葉物は無農薬ではつくれません。私は代わりにフダン草やヒユ菜をよくつくりますが、ヨトウムシやキスジノミハムシがけっこうつきます。それほど被害が大きくない場合、私は梅雨明けまでじっと我慢します。意外に思われるかもしれませんが、猛暑になると、これらの害虫は活動しなくなるからです。

9月になり少し涼しくなると、彼らはまた活動を開始し

ます。初秋の害虫の最大の問題は、この時期が大根や小松菜などアブラナ科の種播きの適期だということ。私は害虫対策に、9月いっぱいベタ掛け(→32ページ)をしておきます。

❸雨が多く降ると病気が増える

「雨が多く降ると病気が増え、天気になると害虫が増える」という言い伝えを神奈川県にある農協(JA)の職員から教えてもらいました。たしかにそのとおりです。畑の野菜に病気が増えるのは梅雨のころからですし、秋雨が続くころはキュウリやトマトにベト病やエキ病が多く発生します。この本では、なるべく6月下旬から7月中旬に生育期や収穫期が重ならないように、栽培カレンダーを工夫しました。

アブラムシとダニを防ぐ4つの方法

以上の基本的対策では防ぎ切れない害虫もあります。それはアブラムシとダニです。この2つは、一般の害虫が嫌う苦いレタスや辛いネギにもつきます。

害虫研究者によると、苦みや辛み成分は植物の導管(根から吸収した水分や養分を上部に送る管)の中を流れているそうです。アブラムシやダニは、植物の導管には決して触れずに、篩管(体内物質の通路となっている、ふるい状の管)部分にのみ養分を吸う針を入れるので、苦い植物でも関係ないと説明されています。

❶天敵を増やす

私の畑にはアブラムシがけっこう発生します。右上の写真はミディトマトの花房についたアブラムシです。しかし、何も対策をとらなかったのに、右下の写真のようによく収穫できました。よく見ると、アブラムシの死骸がついています。天敵のひとつアブラバチが退治してくれたので

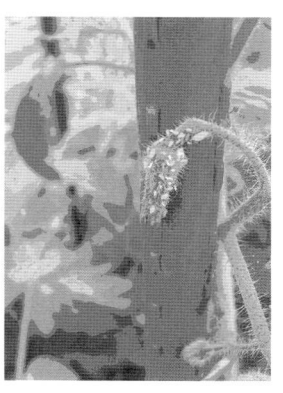

しょう(アブラムシの有力な天敵はテントウムシ)。

　天敵を増やすためには、堆肥、枯れ草、落ち葉などの有機物を畑に多く与えましょう。たとえばトマトやキュウリのような夏野菜の場合、私は天気予報に注意して、必ず梅雨明け宣言の前に、根元へ枯れ草や落ち葉をできるだけ多く敷き詰めています。

❷窒素肥料を控える

　アブラムシは植物のアミノ酸を好むので、アブラムシの被害が多い大根やカブには、アミノ酸を生成する窒素肥料を控えています。なかでも、豆類は根粒菌によって窒素分を吸収するので、マメアブラムシの被害が出やすいのです。私もササゲにマメアブラムシが大繁殖した経験があります。このときは、株ごと処分しました。それからは、窒素肥料のやりすぎに気をつけています。第Ⅱ部のエンドウとインゲンでは、窒素肥料を控えめにしました。

❸混植する

　アブラムシから植物を守るために、トウガラシやマリーゴールドなどアブラムシが嫌う植物をいっしょに植える方法(混植)があります。左の写真は、有機栽培農家の畑で見たナスとマリーゴールドの混植です。

❹牛乳をかける

　アブラムシ退治によく利用されるのは、牛乳のスプレー。牛乳に含まれているカゼイン(タンパク質の一種)がアブラムシの体に付着すると、呼吸できなくなって死ぬのです。牛乳がウィルスの働きを弱めるという説もあります。粉ミルクでも効くそうです。ポイントはアブラムシの体を覆うようにきっちりとかけること。野菜の葉や茎にかけても効果はありません。

病気対策の基本は野菜を元気に育てること

❶野菜の力で病気を抑える

　病気が出るときはありますが、いまの私は農薬を使いません。堆肥などの有機物を多く投入して天敵を増やし、野菜自身の生命力を高めることが基本です。

　ニガウリは害虫や病気に強い野菜ですが、とてもたくさんの実がなった後、葉にうどん粉病が発生した年がありました。でも、追肥を与え、細くなって花をつけない茎や枝を切るなど回復につとめたところ、新しいツルが伸び出し、実もふたたびついたのです。そして、いつのまにか、うどん粉病はおさまっていました。

　06年は、キュウリにうどん粉病が大発生。そのときの対策は、周囲の雑草を刈って根元に敷いただけです。うどん粉病は消えませんでしたが、1株に実は20本以上なりました。右の写真は、うどん粉病が出たにもかかわらず元気に育つキュウリです。うどん粉病にかかると中央の葉の白い部分のようになりますが、ほぼ例年と同じ程度に収穫できました。

❷木酢液や竹酢液をたっぷりかける

　木酢液や竹酢液には、うどん粉病の蔓延を食い止める力があります。木酢液や竹酢液は炭や竹炭を焼く過程で出る煙を冷やした酸性の液体で、農薬の代わりによく使われます。たぶん、葉の表面や土の酸度が高くなり、病原菌が好む酸度が変わるため、うどん粉病の菌の力が衰えるからでしょう。

　木酢液や竹酢液は水で薄めて、じょうろで葉や茎、枝にしたたるぐらいかけ、まわりの地面にもたっぷりかけます。最初は500〜800倍に薄め、効果を見ながら300倍まで濃くしてください。初めから葉に濃い液をかけると、障害が出る場合があります。

2 土や微生物の働き

雑木林の土には5つの層がある

　野菜を上手につくるには、土や微生物の役割を知っておく必要があります。できれば雑木林に入って、スコップで土を掘ってみましょう。

　表面には枯れ草や落ち葉などが堆積し、鳥の糞や昆虫の死骸が見つかるかもしれません。少し下のほうでは枯れ草や落ち葉は土色に変化し、形がなくなりかけ、ミミズやヤスデなどが動いているでしょう（A層）。その下に、枯れ草や落ち葉が分解し、原形をとどめなくなった厚さ10cm以下の黒い層（これを腐植という）があります（B層）。

　B層の下には、やや黒っぽい厚さ数十cmの、畑の土の色に似た層が現れるでしょう（C層）。畑の土ほど軟らかくはありませんが、スコップで掘れます。その下は非常に硬くて、簡単には掘れません（D層）。たいていC層より厚く、数倍もしくは数十倍あるでしょう。その下は岩盤の層です（**図1**）。

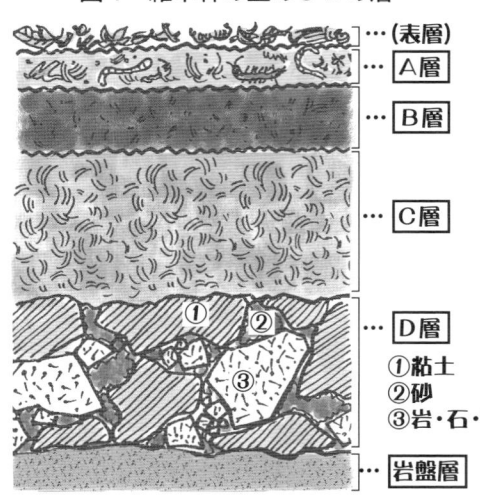

図1　雑木林の土の5つの層
…（表層）
…A層
…B層
…C層
…D層
　①粘土
　②砂
　③岩・石・砂
…岩盤層

　D層は、①粘土、②砂、③岩が崩れてできた砂から石までいろいろな大きさの固まり、の3種類から構成されています。関東地方に多い赤土の場合は、おもに粘土です。また、C層が軟らかいのは、D層の粘土が団粒化しているからです。団粒化とは**図2**のように、腐植が粘土と粘土の粒子の間の接着剤の役割をしている、すき間のある構造を指しています。

　一方、畑の土の構造は3つに分かれています。表面から数十cmは黒っぽい軟らかい部分で、その下に硬い土

があり、さらにその下は岩盤です。表面が軟らかいのは、耕していることに加えて、鋤き込んだ堆肥が接着剤となり、粘土が団粒化したためです。ここはC層と似ているといえるでしょう(ただし、畑では雑木林と違って堆肥や肥料がほぼ均一に含まれている)。

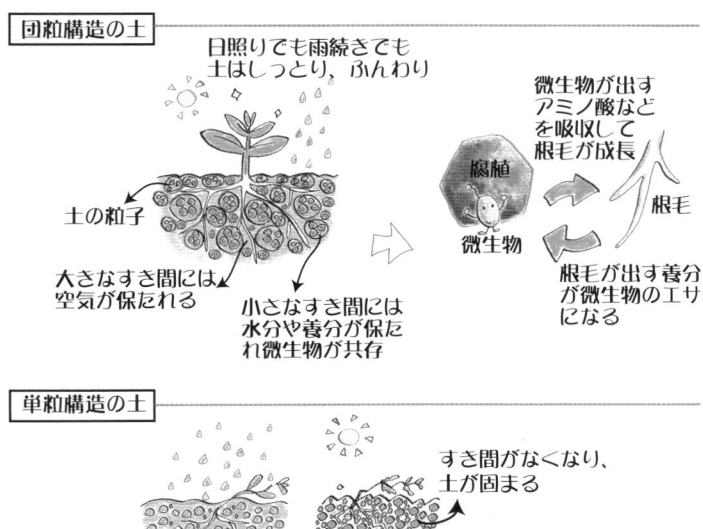

図2　団粒構造の土と単粒構造の土

団粒構造の土はなぜよいのか

　農業関係の本を読むと、団粒構造になった土は宝物のように書かれています。植物にとって土は根が育つ場所で、根が育つためには空気と水分が必要です。根は土の中から肥料分を吸収します。したがって、十分に水分と空気と肥料分を保つのがよい土なのです。では、砂や粘土はどうでしょうか？

　砂は空気をよく保ちますが、水を吸収する力はありません。肥料分の多くは水に溶けた形で地中に保たれているので、水持ちと肥料持ちはよくないのです。粘土は水を吸収する力が強く、その水分には肥料分が含まれています。リン酸やカルシウムなどミネラル分を吸着する力も強く、水持ちと肥料持ちがよいのです。しかし、水を吸収する力が強すぎるために、空気が追い出されるという欠点があり

ます。大雨が降ると水がたまりやすく、湿気に弱いサツマイモの根は1昼夜で死んでしまうほどで、空気持ちには問題があるわけです。

　これに対して団粒構造化した土はすき間があるので、そこに空気を保てます。つまり、水分と空気をバランスよく保つ能力があるのです。したがって、粘土がおもな構成要素であっても、水がたまりにくいし、乾きすぎることもありません。肥料持ちもいいので、元肥を最初に与えれば、追肥をあまりしなくても野菜がよく育ちます。だから、有機農業を志す人はできるだけ堆肥などの有機物を畑に鋤き込み、土の団粒構造化をめざしてきました。

善玉微生物を増やす

　土を掘り返すと、いろいろな小動物を見かけます。これらには役に立つものが多く、たとえばカエルはヨトウムシやコナガの成虫(ガ)を食べるし、ダニやアブラムシを食べるアブやカゲロウなどの幼虫もいます。落ち葉や枯れ草などをエサにして分解を進めるのは、ミミズやヤスデと微生物です。微生物には小さい順に、細菌(バクテリア)、菌類(カビ)、藻類、原生動物(たとえばセンチュウ類)があり、有機物を分解して腐植をつくります。しかし、微生物の働きはそれだけではありません。

　雑木林の木や草は、人間が肥料を与えなくても育ちます。それは、落ち葉や枯れ草などを微生物が分解してできた肥料分を自然に吸収するからです。

　また、ある種の微生物は、単独で空中の窒素を固定し、肥料分に変えます。マメ科植物の根に寄生する根粒菌は、エネルギーの供給を受ける代わりに空中の窒素分を固定し、根に肥料分として供給するのです。粘土に蓄積されているリン酸分を吸収しやすい形に変えて、根に供給する菌

（菌根菌）もあります。

　もちろん、野菜に取りついて衰弱させたり枯らしてしまう微生物もあります。いわゆる病原菌（悪玉微生物）です。とはいえ、病原菌を食べる微生物や、植物の根とよい共生関係をつくり、病原菌が野菜に取りつかないようにガードするタイプの微生物も多くあります。自然界では、こうした善玉微生物が病原菌より優勢な場合が多いといわれてきました。

　では、善玉微生物を増やすには、どうしたらよいのでしょうか？　家庭菜園でもできるのは、堆肥をはじめとする有機物の投入を増やすことです。

　たとえばトマトでは、堆肥を大量に与えると堆肥を好むタイプのセンチュウが多く棲みつきます。その結果、根に小さなコブがたくさんついて生育を悪くするネコブセンチュウが根につきにくくなるといわれています（ほとんどのセンチュウは善玉。それらが根の周囲を占領すると、悪玉のネコブセンチュウやネグサレセンチュウは近づけなくなる）。

　より大きな害虫も同様です。私は10年来ダニを殺す農薬を使ったことがありません。有機物の投入によって、カメムシ、カゲロウ、ハエ、テントウムシ、ダニを食べるダニなどの天敵が増えて、効果的にダニを退治してくれるからです。

　もし自然界で病原菌や害虫のほうが強ければ、多くの植物はとっくに死に絶えているでしょう。でも、実際にはそうではないのですから、天敵をはじめとする植物を守るシステムが自然のうちにできているということでしょう。

　ただし、室内のように人工的な環境では話が別です。私も室内では、観葉植物に爆発的にアブラムシやダニがつく経験をしてきました。そういう場合は、観葉植物を雨の当たる場所に出したり、葉の裏からホースで水をたっぷりかけると、自然にアブラムシやダニはいなくなりました。温室やハウスで野菜を栽培する農家の苦労が、よくわかります。

3 堆肥のつくり方と与え方

有機物と堆肥

　図1(18ページ)のA層とB層のおもな要素が有機物です。植物や動物が分解されて、水、炭酸ガス、吸収される肥料分に変わる過程と定義できます。

　野菜が育つためのよい環境をつくる役割を果たす堆肥は、落ち葉、枯れ草、ワラなどの植物質と、牛糞、鶏糞などの動物質を積み上げて熟成したものです。A層を人工的にB層に近づけたといってもいいでしょう。そして、腐植度が高ければ高いほど、B層に近ければ近いほど、よい堆肥とされてきました。それは、早く効くし、有機物の熟成が不十分な場合は熟成過程で発生する熱やガスが根に障害を与えるからです。

　堆肥の熟成を早めるためには、ガーデンセンターや園芸店などで売っている油かすや鶏糞などの窒素分を多く加えます。最近は、製材所のバーク(木の皮)や食品加工業の残渣も使われるようになりました。

堆肥のつくり方

❶本格的な堆肥(完熟堆肥)づくり

　まず、落ち葉、枯れ草、ワラなどを庭や畑の一角に集め(長いものは10〜15cmに切る)、水をかけます。よい堆肥は水分含有率が70％程度。握りしめたとき、水がしたたり落ちるぐらいが目安です。これを約30cm積み上げ、1〜2回踏んで固くし、油かすや鶏糞などを振りかけます。この作業を4〜5回繰り返したら、ビニールシートで覆いましょう。

　1週間以内で温度が60℃ぐらいに上がり、徐々に下がっ

ていきます。1カ月たったら、平均的に発酵するように積み上げた材料の上下（外側と内側）を入れ替え（切りかえし）ます。これを2〜3回繰り返し、熱がなくなって、落ち葉やワラなどの原形が認められなくなったら完成です。

❷手軽なつくり方

　大きなガーデンセンターや園芸店などでは、コンポスターと呼ばれる堆肥をつくるふた付きの容器を売っています。これに、落ち葉、雑草、収穫が終わった野菜の茎（長いものは10〜15cmに切る）や葉を放り込んでいくだけ。いっぱいになったら、上下の材料を入れ替えてください。暖かい時期ならば1〜2カ月で、ある程度の質の堆肥ができあがります。市販の堆肥より品質は劣るかもしれませんが、25ページで述べるように与え方を工夫すれば問題ありません。

❸生ごみ堆肥の簡単なつくり方

　標準型プランター（長さ約60cm、幅約20cm、深さ約15cm）に半分ぐらい土を入れ、その上に台所の生ごみ入れにたまった生ごみの水をよく切って入れ、米ぬかを片手でひとつかみまぶすのです。そこに5cm程度土をかけます（図3）。入れる生ごみは、分別しなくても大きな問題はありません。残飯、魚の頭などタンパク質が多いものは分解に時間がかかり、ある程度は臭うので、気になる人はビニールシートを掛けるとよいでしょう。

　生ごみが分解されて量が減ってきたら（夏なら約1週間）、

図3　生ごみ堆肥のつくり方

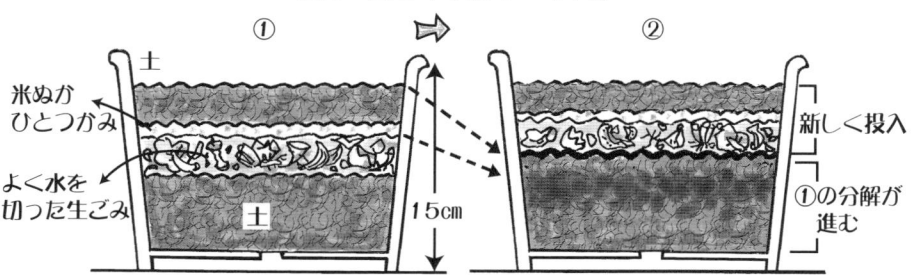

ふたたび生ごみを入れ、同じように米ぬかをひとつかみまぶして土をかけてください(藤原俊六郎著、農文協編『家庭でつくる生ごみ堆肥』農山漁村文化協会、1999年、参照)。これをプランターがいっぱいになるまで数回繰り返して、そのまま約1カ月おくと、種が播けます。

生ごみ堆肥は窒素分の含有率が普通の堆肥の約2倍あるので、小松菜や水菜ならば肥料は不要です。

市販堆肥の上手な使い方

❶安い堆肥をなるべく多く与える

ガーデンセンターや園芸店では、たとえば「原生林の落葉樹の葉を3年積み上げて完熟させた」などと謳った10ℓで1000円を超える高価な堆肥も売っていますが、私は買いません。たとえ完熟していなくても、与え方に気をつけて多く投入したほうが、微生物が増え、団粒構造化が進んで、土が豊かになります。

❷複数の素材の堆肥を組み合わせる

1種類の堆肥だけを使わずに、たとえば食品加工業の残渣をベースとした堆肥に、牛糞やバーク堆肥を混ぜるというように、複数の素材を組み合わせて使いましょう。そのほうが、土中で堆肥を完熟させる働きをする微生物が豊富になります。

❸畑の残り物も再利用

私は、収穫が終わったトウモロコシの茎やカボチャのツルなど畑から出る残り物は、すべて再利用しています。長いものは10〜15cmに切って堆肥の材料にするほか、直接畑に埋め込んだり敷き詰めたりしてきました。でも、それだけでは足りません。周囲の雑草も刈って畑に敷き詰め、生ごみは堆肥にするだけでなく土に直接埋めて利用しています。

未熟な堆肥や生ごみの上手な与え方

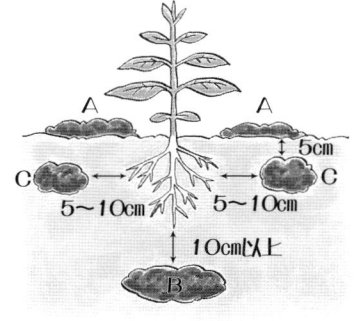

図4 堆肥の上手な与え方

　図4Aのように、土の上に積み上げましょう。小動物や微生物の活動が活発になり、害虫や病原菌の活動が抑えられるからです。

　販売されている堆肥も含めて、完熟した堆肥しか使ってはいけないと主張する人がいます。しかし、雑木林には完熟した有機物だけが積まれているでしょうか？　決してそんなことはありません。熟成度の低い有機物でも問題が起きないのは、未熟な有機物は土の上に積み上げられていて、熱や有毒ガスが空中に逃げていくからでしょう。

　とはいえ、23ページ❷❸のような未熟な堆肥や生ごみは根や苗に害を与える可能性と悪臭の問題があります。これを防ぐためには、図4Bのように土に埋め込み、根や苗から最低10cm離せばよいでしょう。根に近づくまでに未熟な成分がある程度熟成していくし、根は十分なスペースがあれば危険なものには近づかない性質をもっているからです。

　根や苗の下に堆肥や有機物を植え込む方法は、昔から農家で行われてきました。水不足に弱いピーマンやキュウリを植えるときに有効です。肥料分を求めて根が早くから深く伸びていきます。

　図4Cのように有機物を脇に植える方法は、大根や人参などをつくるときに行われてきました。未熟な堆肥や有機物に根が触って二股になる現象が防げるからです。

4 肥料のバランスと選び方

肥料の分類と三大要素

　肥料は野菜を育てる栄養素で、大きく分けて有機肥料と無機(化学)肥料があります。有機肥料は有機物を原料とした肥料で、油かす(菜種や大豆から油を搾った残り)、骨粉、米ぬか、鶏糞、緑肥(草)などです。無機肥料は無機物を主成分とした肥料で、硫安(硫酸アンモニウム)、尿素、過リン酸石灰、塩化カリなどがあります。

　植物に与えなければならないとされている肥料の三大要素は、窒素(N)、リン酸(P)、カリウム(K、通常カリという)です。窒素肥料はおもに植物を大きく成長させ、リン酸は花が開いたり実がなるのに関係し、カリは根を発育させる効果があります。

　このほかカルシウム、マンガン、マグネシウム(苦土)なども必要ですが、量は少なくてかまいません(そのため微量要素といいます)。また、堆肥など有機物を豊富に与えていれば、こうした微量要素は意識して与えなくてよいでしょう。なお、堆肥にも三大要素は含まれていますが、量は少ないので、一般的には肥料分として計算しません。

窒素、リン酸、カリは1：1：1

　肥料を与えるときに大切なのは、バランスです。人間が脂肪を摂りすぎると、肥満や生活習慣病のような健康への悪影響が現れます。野菜も同じです。窒素分を与えすぎると、見かけはよく成長するものの、病気にかかりやすくなったり、アブラムシが猛烈に繁殖したりします。トマトやイチゴは水っぽくなり、美味しくありません。

　一般に野菜の肥料バランスは、窒素1：リン酸1：カリ

1です。この原則をまず覚えてください。そのうえで、野菜の特徴に応じて、バランスを少しずつ変えていきます。

❶**豆類を除く果菜類**——リン酸を20〜30％多くする。
❷**豆類**——窒素を30〜40％減らす。豆類は根粒菌が窒素を固定するので、一般的なバランスで与えると、窒素が過剰になる。
❸**サツマイモ**——窒素を60〜70％減らす。

　キュウリやトマトなど夏に向かって実をつける野菜は、肥料を吸収する力が弱いため、肥料を多く必要とします。一方、小松菜や大根は肥料を吸収する力が強いので、それほど必要ではありません。それぞれの作物に与える肥料の量やバランスについては、第Ⅱ部に詳しく書いたので、参考にしてください。

購入する場合は配合肥料が便利

　油かすや骨粉などの有機肥料を自分で配合するのは大変です。多くの農家も配合肥料を買って使っています。
　配合肥料にも有機配合肥料と化学配合肥料があります。化学肥料を使う人は、窒素、リン酸、カリのバランスが1：1：1の配合肥料をベースにし、リン酸肥料とカリ肥料（他の成分を含まないので単肥という）を少し買っておくとよいでしょう。
　肥料を買うと、施肥量（肥料を与える量）が重さ（グラム）で表示されています。しかし、肥料を与えるたびに重さを量るのは面倒です。そこで、肥料を買ったときに計量カップやスプーンで、1杯の重さを量り、ノートに記しておくと、使うときに便利です。また、成分がきちんと大きな文字で表示されているものを買ってください。
　価格は化学肥料のほうがかなり安く、私がお勧めする窒素・リン酸・カリ各8％配合のものの場合、100円ショッ

プで400g入りが販売されていました。たとえば小松菜をつくる場合、畑なら2㎡、標準型プランターなら10回は使えます。

分けて与える

　生育に必要な肥料を最初にすべて与えれば（最初に与える肥料を元肥という）楽ですが、日本のように雨の多い地域では、窒素分やカリ分が雨に流されてしまうという問題があります。したがって、栽培期間が長いトマトやピーマンなどは、元肥と追肥に分けて与えましょう。ただし、リン酸は土に吸収される性質が強く、流れる心配がないので、初めに全量与えても問題ありません。
　与えるときは、種や苗から数cm離してください。近すぎると、根の肥料濃度が上がっていわゆる肥料焼けを起こし、枯れてしまうからです。

有機肥料のメリット

　有機肥料のほとんどは、分解して初めて植物に吸収されるので、効き目が出るのに2週間ぐらいかかります。最近は、油かすや骨粉などを配合した肥料を発酵させ、効き方を早くしたボカシ肥料（ボカシ肥）も売られています。一方、化学肥料は野菜に直接吸収されやすい形になっているものがほとんどなので、早く効きます。
　一般に有機肥料のメリットは次の3つです。
　❶味がよくなる
　味は人によって感じ方が違い、評価しにくいが、有機肥料を使ったほうが味がよくなるという声が多い。
　❷土が豊かになる

有機肥料を発酵させるのは地中の微生物。有機肥料を多く使うと微生物の種類や量が豊富になり、結果として土が豊かになる。

❸環境にやさしい

有機肥料は、油かす、骨粉、鶏糞など食品加工業や養鶏業などの残渣や廃棄物である。したがって、廃棄物を少なくし、資源の循環を促進する、環境にやさしい肥料といえる。

ただし、価格は、窒素・リン酸・カリ各5％と配合バランスのよいもので、700g入りがたとえば450円。化学肥料のほぼ2倍です。与える量は化学肥料と変わりません。

家庭用有機肥料の問題点

❶製造・販売元が違うと成分量が違う

私が多くのガーデンセンターや園芸店で調査したところ、たとえば骨粉に含まれているリン酸分は17〜34％と大きな差がありました。これでは同じ骨粉でも、以前に買ったものと同じように与えた場合、やりすぎになったり不足気味になったりしてしまいます。有機肥料を買う場合は、必ず製造元を確かめ、かつ表示されている肥料成分の割合を把握してください。また、できるだけ同じ製造・販売元の商品を買うようにしたほうが、施肥量に神経を使わなくてすむので楽でしょう。

なお、この本では、骨粉は比較的よく売られているリン酸分20％をベースに書きました。違った成分量の骨粉を買った場合は、たとえばリン酸分30％なら3分の2に減らすというように、計算して適量を与えてください。

骨粉はご存知のとおりBSE(狂牛病)で大きな問題になりました。いま肥料用に販売されているものは、危険部位は混入していないはずですが、気になる人は鶏糞や米ぬかで

代用できます(骨粉よりリン酸分は少なく、鶏糞が3〜11％、米ぬかが1.5〜6％)。

❷信用できる肥料が少ない

家庭用の有機肥料は化学肥料に比べて、非良心的な商品が多く出回っていました。とくに草木灰(草や木を燃やした後の灰。カリとリン酸を含む)は、まったく肥料成分表示がない、表示してあっても虫眼鏡を使わないと見えないくらい文字が小さい、化学肥料が混入されて有機分より多い、などの商品が目立ちました。信用できる肥料の見分け方のひとつは、成分表示が大きく載せてあるかどうかです。

❸有機配合肥料の問題点

化学配合肥料は、窒素、リン酸、カリのバランスが１：１：１という原則が貫かれています。ところが、有機配合肥料は、たとえば窒素７％、リン酸９％、カリ２％というように、カリ分が少ないものが多いのです。リン酸分は多めでも、生育にそれほど支障はありません。しかし、カリ分に比べて窒素分が多い肥料を使うと、味が悪くなったり、害虫や病気の被害が増えたりします。

なお、第Ⅱ部ではガーデンセンターや園芸店で多く売られている窒素５％、リン酸５％、カリ５％配合の有機肥料を前提に説明しています。このバランスの肥料が見つからない方は、下記の朝日工業園芸部へ問い合わせてください。長年にわたって有機肥料を農家向けに製造・販売し、肥効(肥料の効き目)の試験結果も公表していて、信用できます。価格は700g入り525円です。

朝日工業株式会社園芸部
〒367-0394　埼玉県児玉郡神川町渡瀬222、電話0274-52-6580、FAX0274-52-6583。http://www.asahi-kg.co.jp/

表2 補う肥料の種類と成分

名称	窒素	リン酸	カリ	備考
過リン酸石灰		17〜20%		化学肥料
硫酸カリ			50%	化学肥料
骨粉	0〜1%	18〜38%	0〜3%	有機肥料
草木灰		3〜4%	7〜8%	有機肥料

野菜によっては単肥を補う

　ほとんどの野菜やハーブは配合肥料だけで育てられますが、果菜類、豆類、サツマイモは、窒素分を抑え、他の成分を増やす必要があります。**表2**に、補うとよいリン酸肥料とカリ肥料の例をあげました。

　このうち、化学肥料はひとつの成分しか含んでいませんが、有機肥料は違います。したがって、厳密には単肥ではありませんが、含まれている他の成分は無視してかまいません。

　なお、表2にあげた本来の成分の草木灰は、なかなか見つかりません。手に入らない場合は、化学肥料の硝酸カリを使ってください。

　化学肥料は少量使う程度ならば、サラダガーデンの生態系に深刻な影響は出ません。

5 寒さと虫から守るカバーリング

お勧めはベタ掛け

カバーリングとは、聞き慣れない言葉だと思います。要するに、植物を覆って保護することです。何から保護するかというと、寒さと害虫からです。最近は鳥による被害も含まれるでしょう。

農家で一般的に使われる素材は、寒さよけはビニールシート、虫よけは合成繊維でつくられたネットです。不織布(繊維を織らずに絡み合わせたシート)も使われます。それぞれガーデンセンターや種苗店で、家庭菜園用が売られています。

家庭菜園でお勧めなのは、不織布を直接野菜にかぶせること(ベタ掛けという)です。不織布は、たたむとビニールシートに比べてかさばらず、しまいやすいうえに、保温と虫よけの両方に使えます。さらに雨を通すので、野菜が乾燥しすぎる心配がありません。左の写真は、冬に不織布でベタ掛けして栽培した小松菜です。

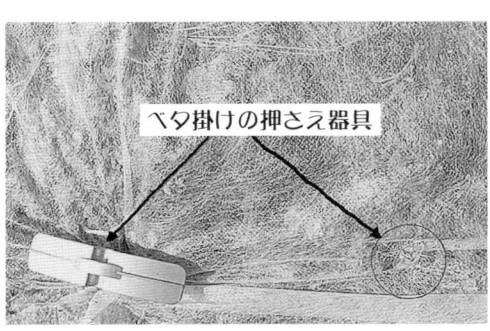

ベタ掛けの押さえ器具

ベタ掛けするときは、不織布の縁の部分に土をかけるか、不織布といっしょに売っている押さえる器具(左の写真)を利用してください。不織布がめくれて、害虫が侵入したり、保温効果が下がるのを避けるためです。とくに、次の2つの使い方はお勧めできます。

❶秋野菜の虫よけ

　小松菜、大根、カブなどを早く収穫しようとすると、9月に種を播く必要があります。しかし、残暑が続き、害虫が勢いを盛り返している時期です。虫よけに、種を播いた後ベタ掛けをしましょう。ブロッコリーや芽キャベツなどの苗を9月に植えるときにも使えます。10月になって日中の気温が25℃を超えないぐらいになったら、取りはずしてください。

❷冬の防寒

　レタスや春菊は寒さに弱い野菜です。12〜2月はベタ掛けをしてみてください。11〜2月に種を播くときにも有効です。また、小松菜、ホウレン草、水菜など寒さに強い野菜も、冬にベタ掛けすると生育がよくなります。

　欠点は、ビニールシートや虫よけネットと比べると光を通す力が弱く、ビニールシートと比べて保温力が弱いこと。もっとも、トマトやカボチャなど光を非常に好む野菜に使ったり、大根や人参に1カ月以上にわたって掛けたりしなければ、問題はありません。保温力も相対的なもので、気にするほどではありません。

　ただし、ときには多少の害虫の侵入はあるかもしれません。あまり神経質にならないほうがいいでしょう。楽しんで栽培しているのですから。

台所用品の転用

　台所用品も、いろいろな場面に使えて便利です。

❶鉢やポットへ種を播いたらポリ袋で覆う

　種をポットや植木鉢に少し播くとき、私は必ずポリ袋の中に入れ、上をしばります。最大の目的は湿度管理。芽は湿度が高いほうが出やすく、ポリ袋で覆えば湿度が保てるうえに、水やりの手間が省けます。ただし、真冬以外は日

なたに出すのは避けてください。逆に、湿度が上がりすぎるからです。

　発芽が始まったら、結び目をほどきます。そして、芽が出そろったら、真冬の寒さを防ぐ場合を除いてポリ袋をはずしてください。左は、ベビーリーフ用に春菊を3月に室内で播いたときの写真です。

❷**夏は水切りネットや水切り不織布をかぶせる**

　暑い時期には、台所用の目の大きな水切りネットや水切り不織布をかぶせると、害虫に弱い野菜を上手に育てられます。左の写真のように、引っくり返して底の部分を上にし、開いた部分は植木鉢の底にたたみ込みます。

❸**プランターの苗はごみ袋で保温**

　ナスやピーマンは寒さに弱い野菜です。したがって、ゴールデンウィーク前にプランターに苗を植えるときは、保温のために夜だけプランターごと大きなビニール製のごみ袋の中に入れ、上をしばります。畑で栽培するときはやや大きめの鉢に植え、数個まとめてごみ袋の中に入れて保温。ゴールデンウィーク明けに畑に植え替えます。

❹**プラスチック製容器で保温して種を早播き**

　種を播いた多くのポットを、❶の方法でいちいちポリ袋に入れるのは面倒です。私はツルなしインゲンやスイートコーンを普通より早く3月に深さ6～7cmのポットに播くときは、左の写真のように100円ショップやホームセンターで売っているふた付きのプラスチック製容器（衣装ケース）にひとまとめにして入れています（まとめてごみ袋をかぶせてもいい）。

❺**芽が出たら、穴を開ける**

早春、プランターにレタスや小松菜の種を播いたら、大きなごみ袋やポリ袋をハサミで切り開いて大きなシート状にし、**図5**のようにプランター全体にかぶせます。芽が出たら、2～3カ所をハサミで切って穴を開け、高温になりすぎないように注意しましょう。

図5　発芽後の適切な温度管理

❻**植えた直後の果菜類の苗の保温**

畑に植えた直後のナスやキュウリなどナス科やウリ科の野菜類の苗は、保温のために**図6**のように支柱を立てて大きなポリ袋で覆いましょう。ポイントは、必ず袋の底の2～3カ所にハサミで穴を開けて、日中の気温が高くなりすぎないようにすることです。

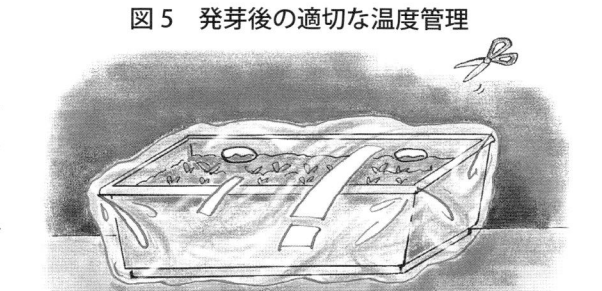

図6　果菜類の苗の温度管理

6 適地適作を心がけよう

　野菜はそれぞれ好む環境が異なります。同じイモ類でも、里芋は少しぐらい日陰でも立派に育ちますが、美味しいサツマイモをたくさん収穫したければ、乾いた日当たりのいいところに植えることが大切。場所に適した種類を選ぶことが、野菜を上手に育てるポイントです。

日陰でもつくれる野菜がある

　多くの野菜は、日当たりがいいところを好みます。これは、光合成作用を盛んにし、糖分やタンパク質を蓄えるためには、太陽エネルギーが欠かせないからです。たとえば、トマトは少しぐらい日当たりが悪いところでも栽培できますが、美味しいトマトはつくれません。これに対して小松菜やレタスは、多少の日陰でもそこそこ栽培できます。また、パセリは、秋から春までは日当たりを好みますが、夏の強い日差しには弱いようです。

　このような日当たりによる違いを4つに分類して、**表3**に整理しました。なお、半日陰を好むとは、基本的に日当たりを好むが、夏の真昼の強い光に長く当たると葉焼けが起きるため、日中は木漏れ日程度の条件が合う野菜です。

表3　日照条件と野菜の種類

日照条件	種　類
できるだけ日当たりのよいところ	トマト、ピーマン、トウガラシ、カボチャ、ニガウリ、大根、人参、カブ、ジャガイモ、サツマイモ、キャベツ、芽キャベツ、ブロッコリー、ニラを除くネギ類、オクラ、枝豆、エンドウ、ササゲ、スイートコーン、一般のハーブ（ミント、チャービル、パセリ以外）
半日陰に耐える	レタス・春菊・小松菜などアブラナ科の葉物、ホウレン草、フダン草、ニラ、里芋
半日陰を好む	セリ、フキ、アシタバ、水前寺菜、ミント、チャービル、キュウリ・インゲン・パセリ（真夏のみ）
日陰を好む	ミョウガ、三つ葉

また、半日陰に耐えるとは、日当たりがいいほうが望ましいが、半日陰でも順調に生育する野菜を指しています。

湿地に強い野菜、乾燥地に強い野菜

あなたの家庭菜園や畑の水はけが悪かったら、どうしますか？　畝を高くする、砂を投入して水はけをよくするなどの対策が考えられます。でも、手っ取り早いのは、湿地向きの野菜をつくることです。イモならば里芋、葉物なら水中でも立派に育つセリ、クレソン、空心菜などはいかがでしょう（表4）。

表4　湿地に強い野菜、乾燥地に強い野菜

性　質	種　類
湿地に強い	里芋、セリ、クレソン、空心菜、ミント
乾燥地に強い	トマト、大根、人参、ジャガイモ、サツマイモ、ゴボウ、オクラ、モロヘイヤ、ローズマリー

私はプランターの水抜き穴に栓をしてセリを栽培しました（右下の写真）。プランターの半分まで畑の土を入れ、水を土の表面に達するぐらいまでやって十分に湿らせたうえで、根元の部分を植えます。1～2週間で根付いたら、ひたひたになるまで水を増やしてください。室内なら植えて1カ月で最初の収穫ができ、根株を残しておけば続けて収穫できます。

また、ハーブ類は一般的には乾き気味の土地を好みますが、ミント類は湿地を好みます。なかでもウォーターミントは、名前のとおり池に植えても大丈夫です。

逆に、砂地のように乾きやすい土地のお勧めは、まずサツマイモです。トマトも根が深いので、成長すれば少しぐらいの乾きは平気です。大根やゴボウなど根が深く伸びる野菜も、深いところから水を吸い上げる力があるので、比較的乾きに強いといえるでしょう。一方、キュウリやズッキーニなどウリ科は根が浅いので、乾燥に弱い野菜です。

酸性土に強い野菜、弱い野菜

　野菜がよく育つかどうかは、土の酸度とも関係します。日本は雨が多いので、土は酸性に傾きがちですが、日本で栽培される野菜の多くは、雨が少なく、土がアルカリ性の地域が原産地です。

　地中海沿岸から中央アジアが原産の大根や、アフガニスタンが原産で、南ヨーロッパで野菜として確立したカブなどは約2000年前に日本に渡来し、気候や土地に順応したので、問題はありません。しかし、イランで野菜として確立し、江戸時代初期に日本に渡来したホウレン草や明治時代以降に栽培が始まったエンドウなどは、酸性の土を嫌います。石灰資材で土の酸度を弱めないと、発芽しなかったり、発芽してもすぐ枯れたりします。

　土が酸性かアルカリ性かを表すのは、ｐＨ(ペーハー)という単位。中性が7で、数字が小さくなるほど酸性、大きくなるほどアルカリ性が強くなります。ｐＨ4～6を酸性

表5　酸性に強い野菜、弱い野菜

性　質	好むｐＨ	種　　　　類
酸性に強い	5.5～6.0	サツマイモ、ジャガイモ、ラッキョウ、スイカ、イチゴ
酸性にやや強い	5.5～6.5	カボチャ、ニガウリ、シロウリ、大根、ラディッシュ、カブ、里芋、ゴボウ、キャベツ、カリフラワー、ブロッコリー、小松菜、春菊、三つ葉、ツルムラサキ、ミョウガ、アサツキ、ニラ、トウモロコシ、インゲン
酸性にやや弱い	6.0～6.5	トマト、ナス、ピーマン、キュウリ、人参、白菜、レタス、サラダ菜、ネギ、玉ネギ、セロリ、オクラ、枝豆、空豆、落花生、パセリ、ローズマリー、メロン
酸性に弱い	6.5～7.0	ホウレン草、エンドウ、アスパラガス、セージ、タイム

土、pH8～9をアルカリ土と呼び、多くの野菜はpH5.5～6.5を好みます。**表5**に、野菜が好むpHを示しました。

　野菜を上手につくるためには、耕す畑の土の酸度を知ることが必要です。年1回は酸度のチェックをしましょう。ほとんどのガーデンセンターや園芸店に酸度pH測定液が売られているので、これで計測してください。測り方は添付されている説明文書に書かれています。

　酸度の調節によく使うのは石灰資材です。石灰資材は、即効性の消石灰（水酸化カルシウム）と、じっくり効いてくる苦土石灰（マグネシウムを含む石灰）や貝の粉や卵のカラなどでつくる有機石灰の2種類があります。私は、家庭菜園では次の2つの理由から消石灰の使用に消極的です。ひとつは、堆肥や肥料を入れたり種を播いたりする2週間前に撒かないと、堆肥や肥料と化学反応を起こすから。もうひとつは、雨が多い日本では、成分が水に溶けて流れて、土がまた酸性に戻りやすいからです。

　なお、使用量は酸度pH測定液の説明文書にも載っていますし、石灰資材の袋にも印刷されています。

軒下やベランダをうまく使おう

　首都圏はじめ都市部では、雨が当たらず、冬もそう寒くない環境が広がりつつあります。それは高層住宅の軒下やベランダです。その気候は、地中海沿岸地域に似ているでしょう。つまり、多くのハーブ類に適した環境です。

　また、レタスや春菊はアブラナ科の葉物に比べると寒さに弱い傾向があります。でも、日の当たる軒下やベランダならば、冬の間も成長します。

　レタスは初期に雨に弱いので、秋雨が続くときは軒下やベランダに保護しましょう。夏の雨に当たると病気にかかりやすいトマトも、軒下やベランダが向いています。

ただし、軒下ではアブラムシやダニが繁殖しやすいので、ときどきシャワーで水をかけましょう。

屋上で野菜づくりに挑戦

　高層マンションなどの屋上で野菜を栽培する最大のメリットは、病気が少ないこと。病原菌は湿った土の中に潜んでいる場合が多いからです。害虫もそうは飛んでこないでしょう。

　心配しなければいけないのは、風の強さです。背が伸びる野菜や支柱を立てなければいけない野菜は、避けるべきでしょう。もしトマトをつくるのであれば、露地とは違って支柱を立てず、這わせてはどうでしょうか。野生のトマトは、こうした形で生えているはずです。建物の陰になって、それほど日当たりがよくない場所が屋上にあれば、キュウリを這わせてつくります。キュウリは真夏の強い日の光を好みません。自然に日陰のほうに這っていくでしょう。

　屋上栽培で手間がかかるのは、水やりです。手間をかけたくなければ、乾燥に強い野菜をつくりましょう。サツマイモは、乾燥したところほど糖分が増します。

遠い畑でつくりやすい野菜

　家庭菜園ブームで、家から自転車で15〜20分離れた市民農園を耕す人びとが増えてきました。車で2時間ぐらいかかる地方のクラインガルテンや農園まで出かけるケースもあります。こうした場合は、どんな野菜をつくるといいのでしょうか？

　私はサラリーマン時代、家から自転車で30分以上かか

る区民農園でナスを栽培した経験があります。ナスやキュウリは、夏の最盛期には毎日畑を見回り、収穫しなければなりません。週末百姓の私が収穫したナスは、色が褪せた巨大なものがほとんどでした。夏に向かう季節は、野菜の生育が早くなり、収穫を頻繁にしなければなりません。プロの農家は、キュウリを1日2回収穫します。少なくとも2日に1回は収穫できないかぎり、ナス、キュウリ、トマトはあきらめたほうがよいでしょう。

　夏の果菜類でつくってもいいのはピーマンとカボチャです。ピーマンは赤くなってから収穫すると、甘さや風味が増します。また、カボチャは、栽培にあまり手がかかりません。種を播いたり苗を植えたりするときに直径・深さ各20cm程度の穴を掘り、**図4**(25ページ)の要領で有機物と肥料を入れておけば、畑一面に広がって勝手に実をならせます。収穫後の後始末に畑に行き、雑草を刈っていたら、下からカボチャが出てきたという話をよく聞くほどです。

　遠い畑でつくりやすい野菜の代表は、サツマイモです。日当たりがよく乾燥した適地であれば、苗を植えるときと収穫のときの2回、畑に行けばすみます。ジャガイモや里芋はもう1回、株元の土寄せが必要です。ジャガイモでこの作業を怠ると、イモが緑色になり、食べられなくなるし、里芋は太らなくなります。

　野菜全般に手抜きをすると雑草が問題ですが、イモ類は雑草を気にしません。ジャガイモは雑草が茂る梅雨前に成長が終わるし、里芋はほとんどの雑草より背が高くなるからです。右の写真のように、サツマイモは雑草の中でもたくましく育ちます。

　モロヘイヤやツルムラサキ、空心菜などの夏の葉物も、雑草に負けません。収穫したいときだけ畑に行き、収穫と同時に追肥や草取りをすれば、OKです。

7 連作を避ける

同じ場所で同じ野菜をつくらない

畑の同じ場所で同じ野菜をつくり続ける（連作という）と、生育が悪くなったり、病気や虫の被害が増えることが多くなります。これを連作障害や嫌地（いやち）現象と呼びます。

無農薬で野菜を上手に栽培する重要なポイントは、連作をしないことです。畑をあける年数は、野菜の種類によって異なります。それを表6に整理しました。

表6　畑をあける年数

年　数	種　　　　　類
1年	大根、人参、カブ、ホウレン草
2年	キュウリ、ジャガイモ、キャベツ、カリフラワー、レタス、パセリ、ネギ、ニラ、インゲン、枝豆
3～4年	ナス、トマト、トウガラシ、ピーマン、里芋、空豆
4～5年	ゴボウ、エンドウ、スイカ

（注）人参は一般的には連作障害がないといわれているが、ネグサレセンチュウの被害を考えると、大根をつくった後も含めて1年あけたほうがいい。

逆に、連作障害がほとんどない野菜は、カボチャ、ニガウリ、サツマイモ、小松菜、春菊、スイートコーンです。

同じ科の野菜は続けてつくらない

また、同じ科の野菜は、原則として連作を避けたほうがよいでしょう。ナス科のように、一見して似ているとは思えない野菜が同じ科の場合もあります。同じ畑で続けてつくらないほうがいい典型的な野菜は、以下のとおりです。

❶ナス科：ナス、トマト、ピーマン、トウガラシ、ジャガイモ。
❷ウリ科：キュウリ、シロウリ、スイカ。
❸ユリ科ネギ属：ネギ、ワケギ、アサツキ、ニラ、玉ネ

ギ、ラッキョウ、チャイブ。
❹マメ科：エンドウ、インゲン、空豆。

連作障害はなぜ起きるのか

　同じ場所で同じ野菜を続けてつくると、病原菌や害虫が増えます。とくにトマトやスイカは、確実に病気が増えるようです。害虫や病原菌の側から見ると好物のエサが毎年供給されるわけですから、繁殖するのは当然でしょう。
　私の家庭菜園では、アブラナ科の野菜(小松菜、大根、カブなど)をつくりすぎているようです。そのためキスジノミハムシが年々増加しています。
　また、連作を続けると土に棲む微生物の種類も偏ります。豊かで健全な土ではなくなってしまうのです。

連作障害への対応方法

　野菜は種類によって必要とする成分に違いがあります。たとえば、春に収穫するキャベツと冬に収穫する大根を比べると、キャベツのほうがニッケルは2倍、マンガンは50％多く吸収するそうです(神奈川県農業総合研究所の調査)。したがって、特定の野菜をつくり続けると、その必要成分が土壌中に不足していきます。やむをえず連作をする場合は、堆肥をはじめ有機物を平均より50％多く与えてください。
　市(区)民農園を借りたときに一番困るのは、前の人が何をつくっていたかがわからないことです。トマトやナスのようなナス科の野菜は人気があるので、前の借り主がつくっていた可能性は高いでしょう。新しく借りた年にナス科の野菜をつくる場合は、50％多く堆肥を与えてください。

8 コンパニオンプランツを利用する

相性のよい植物を組み合わせて植える

　コンパニオンプランツとは、お互いの生育を助ける相性のよい植物のことで、共栄植物と訳されています。トマトとパセリのように日照を好むものと好まないもの、豆類とキュウリのように根を深く張るものと浅く張るものなど、組み合わせはいろいろです。

　たとえばカボチャはアメリカインディアンの間で古くから、トウモロコシといっしょに植えるとお互いよく育つが、ジャガイモといっしょに植えるとよく育たない、といわれてきました。日本の農家でも、かんぴょうの原料と

表7　効果が確認された

科	野菜やハーブ	相性がよい野菜	効　果
ナス科	ナス	豆科	相性がよいといわれている
	トマト	ピーマン、キュウリ、人参、パセリ、アスパラガス	相性がよいといわれている
	ピーマン、トウガラシ	ナス	香りがアブラムシに嫌われる
ウリ科	キュウリ（地這い）	トウモロコシ、ヒマワリ	真夏の強い光を避けられる
		インゲン、枝豆	根の深さが違うので共存できる
	カボチャ	トウモロコシ	相性がよいといわれている
アブラナ科	大根、カブ、小松菜など	豆類（エンドウ、インゲンなど）	相性がよいといわれている
キク科	マリーゴールド	ナス、トマト、キュウリ、大根、ジャガイモ	センチュウを駆除
		ナス、大根	香りがアブラムシに嫌われる
	レタス	大根、人参、玉ネギ、イチゴ	相性がよいといわれている
シソ科	ミント類	多くの野菜	カメムシ、アリなど多くの害虫を追い払う
	バジル	トマト	生育と味をよくする
	セージ	トマト	生育と味をよくする
	チャービル	大根	香りがアブラムシに嫌われる

なるユウガオの苗を植えるときにネギの苗をいっしょに植えると連作障害が回避できることは、よく知られています。これは、ネギ属に特有のアリシンという臭いを出す成分が、ネギの根に共生する微生物とともに働いて、ユウガオにつく病原菌を殺しているからです。この成分は、ナス科やウリ科の野菜にも効果があることも解明されました。

これまでに効果が確認されたコンパニオンプランツを整理したのが**表7**です。

3つのメカニズム

最近、コンパニオンプランツのメカニズムに関する研究

コンパニオンプランツ

セリ科	人参	豆類（エンドウ、インゲンなど）	相性がよいといわれている
		トマト、ネギ、玉ネギ、トウモロコシ	共存できる
	セロリ	ネギ、ニラ、豆類（エンドウ、インゲン、枝豆など）	香りがアブラムシに嫌われる
	パセリ	トマト、バラ	よい影響を与えるといわれている
	アニス	コリアンダー	発芽や生育がよくなる
ユリ科	ネギ	ナス科、ウリ科	相性がよいといわれている
		ユウガオ	連作障害を防ぐ
	玉ネギ	人参、キャベツ、フダン草	相性がよいといわれている
	ニラ	トマト、ナス、ピーマン	病気を防ぐ
	アスパラガス	トマト	雑草を抑える
マメ科	エンドウ、インゲン	キュウリ、人参、ジャガイモ、キャベツ、セロリ、イチゴ	相性がよい
	空豆	ホウレン草	相性がよいといわれている
		トウモロコシ	成長を促進する
	ツルなしインゲン	トウモロコシ	窒素固定作用が生育をよくする
その他	トウモロコシ	インゲン	真夏の強い光を避けられる
	アサガオ	多くの野菜	相性がよいといわれている

（注）藤井義晴『アレロパシー』（農山漁村文化協会、2000年）をおもに参考にした。

が進んできました。専門家の間にも、病気や害虫の被害への対応が農薬一辺倒であったことの反省があるのでしょう。

❶共栄関係

　2種類の植物がお互いによい影響を与える、あるいは悪い影響を与えない関係。たとえば、カボチャは多少の日陰を気にせず、巻きひげを出して茎を支えられるので、トウモロコシと植えると大いにメリットがあります。トウモロコシから見ると、カボチャは悪い影響がありません。

　トウモロコシ(イネ科)とインゲン(マメ科)も共栄関係です。イネ科の根はおもに土の浅いところに伸び、マメ科の根は深く地中に伸びていきます。したがって、同じ肥料成分を吸収する場合も、取り合いになりません。

❷直接的関係

　一方ないし双方の植物が出す物質がよい影響を与える関係。ロシアの科学者の研究によると、空豆とトウモロコシを混植すると、空豆の根から出る化学成分がトウモロコシの生育を促進し、収量が増加するそうです。

❸害虫を殺す

　北海道では最近、ミントを水田の畦(あぜ)に植えてカメムシによる稲への被害を防ぐ試みが行われています。ミントの香りをカメムシが嫌うのです。三浦半島に行くと、野菜畑の間にマリーゴールドが植えられています。マリーゴールドにはα-テルチェニルという物質が含まれていて、それがセンチュウを殺すのです。いろいろなハーブ類やニラのように香りが強い野菜、ピーマン、トウガラシ、セロリ、パセリ、ニガウリ、ネギのように辛みや苦みが強い野菜は、同様に害虫に効果があります。

相性が悪い組み合わせもある

　カボチャとジャガイモのように相性が悪い組み合わせ

表8　相性が悪い作物

	野菜やハーブ	相性が悪い野菜	影響
ナス科	ジャガイモ	カボチャ	相性が悪いといわれている
セリ科	ディル、フェンネル	人参	生育に悪影響を与える
ユリ科	ネギ、ニラ	大根	根が近づくと枝分かれしやすい
ユリ科	ニラ	レタス	根が触れると生育が悪くなる
ユリ科	玉ネギ、ニンニク	豆類（エンドウ、インゲンなど）	生育を阻害する
マメ科	インゲン	カブ	相性が悪いといわれている
イネ科	トウモロコシ	トマト	相性が悪いといわれている

もあります。それを**表8**にまとめました。たとえば、ネギやニラの根が大根の根に触れると、大根の根が枝分かれします。おそらく、ネギやニラの根から大根の根を刺激する物質が出ているためでしょう。

複数の野菜を植えると微生物が豊かになる

　また、畑に複数の野菜を植えると、土中の微生物層が豊かになります。たとえば、トマトの連作を続けるとトマトの根に寄生する微生物だけが増えますが、ニラをいっしょに植えれば、ニラの根を好む微生物も増え、バラエティに富むわけです。

　私は基本的に、複数の野菜をいっしょに植えるほうがよいと考えています。それが、自然に近い姿でもあるからです。野山では、畑より病気や害虫の被害が目立ちません。また、ほとんどの植物が毎年同じ場所で育ちますが、栽培植物の場合と違って連作障害をあまり起こしていません。その大きな理由は、野山では常に複数の植物が共存して、土中の微生物が豊かになっているからだと思います。

9 畝の幅を広くして、いろいろな種類をつくる

畝の幅は 90 〜 110cm

　作物を栽培するために細長く土を盛り上げたところを畝といいます。私は以前は、一つひとつの野菜ごとに畝をつくってきました。でも、最近は 90 〜 110cm の広い幅の畝をつくって、そこに 3 種類の野菜を植える方法（**図 7**）に

図 7　単作から混作へ

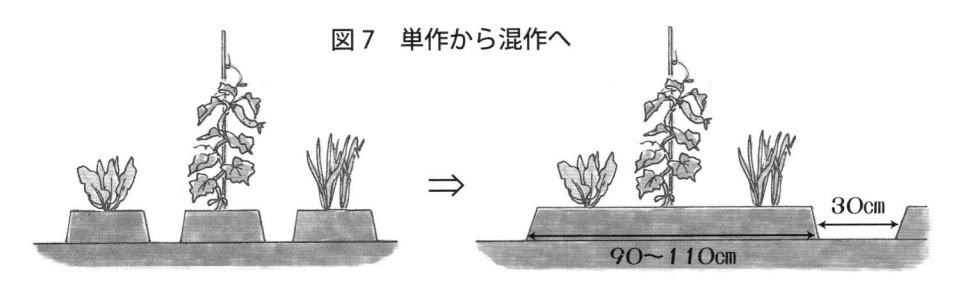

変えています。その理由は次の 2 つです。

　ひとつは、コンパニオンプランツの利用を含めて、いろいろな野菜をつくる（混植）のに便利だから。もうひとつは、畝をたくさんつくると通路の幅が狭くなるから。通路が狭いと、作業をするときに野菜を傷つけたり、丹精こめてつくった畝の団粒構造の土を踏みつけて台無しにしたりする危険性が高くなります。

　ただし、畝の幅をあまり広くしすぎると、手が届きません。1 m 前後が適切でしょう。私は 90 〜 110cm に幅を統一しています。ベタ掛けにする不織布の規格が 1 〜 1.5 m 幅に決められているのも、理由のひとつです。

　通路の幅は 30cm 以上とっています。野菜が植えられていない畑では、30cm という幅は非常に広く見え、もったいないと感じるでしょう。しかし、とくに夏にトマトやピーマンなどが茂っているときには、30cm でも作業中に葉や茎を傷めないような用心が必要です。思い切って、通路は広くとりましょう。

作業しやすさを考えて畝をつくろう

❶長さと数

当たり前ですが、畝を長くしたほうがたくさん植えられます。でも、作業のしやすさを考えると、4m以内が適切でしょう。あまり長くすると、移動に意外と不便です。

また、連作障害があるトマトやエンドウなどは、4年は間隔をあけるのが望ましいと思います。したがって、狭い畑でもナス科、マメ科、ウリ科、その他の野菜と少なくとも4つは畝をつくるべきでしょう。

❷高さ

私は多くの場合、畝の高さは約5cmにしています。理由は、土を高く盛り上げるのはけっこう大変な作業だからです。また、必ず土寄せをする必要があるジャガイモや人参は、初めにあまり高くすると土寄せが困難になります。

ただし、水はけが悪い場所では、10cmにする必要があります。また、サツマイモやレタスなど乾いた土を好む野菜の場合は15cmにしてください。畝に水がたまるのを防ぐためです。

❸方向

私は畝の南側に日当たりを好む野菜、北側に日陰を好む野菜を植えるので、東西に畝をつくります。一方、南北につくったほうが風通しがよいという人も多いようです。

❹植え方の方向

この本では、畝の長い方向に平行に植えるのを原則としました。しかし、狭い畑では**図8**のように畝の長い方向に垂直に植えるほうが、

図8　畑が狭いときの植え方

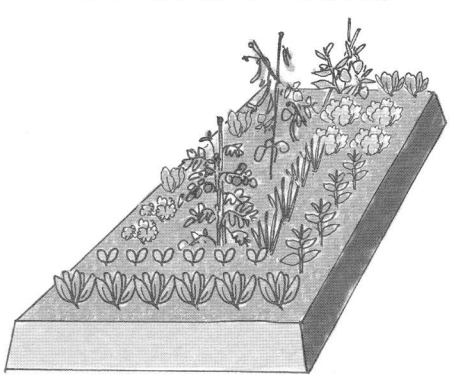

種類を増やせていいかもしれません。ベビーリーフのようにいろいろな種類を少しずつつくりたいときも、このほうがいいでしょう。

いろいろな野菜をつくるときの原則

❶科や属が近い野菜は連作しない
たとえば小松菜は連作障害が少ない野菜といわれており、プロの農家は同じ畑で連続して栽培するケースが多いようです。しかし、私は連作しません。カブや大根など同じアブラナ科の野菜との連作も避けています。理由は、どうしても害虫が増えるからです。

❷科や属が遠いものをいっしょに植える
図9を見てください。トマトはナス科、バジルはシソ科、ニラはユリ科です。それぞれを好む微生物が異なるし、吸収する微量成分も少しずつ違うので、この3つをいっしょに植えるとよい結果が出ます。つまり、科が異なる（分類学上で遠い）もの同士を植えるほうがよいわけです。

種子をつける被子植物は、双子葉植物と単子葉植物に分けられます。双子葉植物は大根やトマトのように双葉が出る（子葉が2枚）タイプ、単子葉植物はスイートコーンや里芋のように子葉が1枚のタイプです。したがって、スイートコーンと双子葉植物の枝豆、里芋と双子葉植物の三つ葉をいっしょに植えるのは、好ましいといえるでしょう。

残念ながら単子葉の野菜はほかに、ネギ属、ショウガ、ミョ

図9 違う科の野菜をいっしょに植える

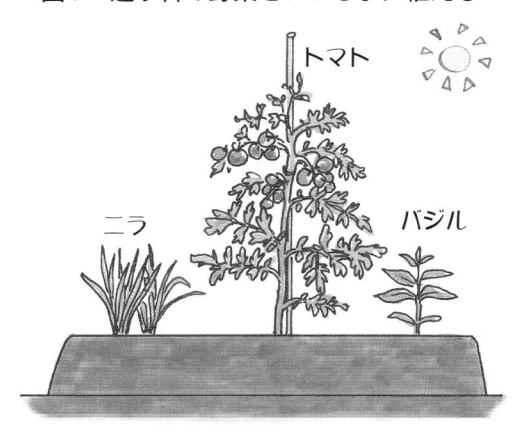

ウガ、ヤマノイモぐらいしかありません。家庭菜園の美観も兼ねて、チューリップ・ユリ（ユリ科）、グラジオラス・球根アイリス（アヤメ科）、スイセン（ヒガンバナ科）など単子葉植物の球根を植えてみるのもいいと思います。

❸高さや根の深さのバランス

図9では、トマトとバジルやニラの高さがかなり違います。このように、高さや日当たりを好むかどうかの違いも、いっしょに植えるときの重要なポイントです。

また、根が浅い野菜と深い野菜も、すぐれた組み合わせ方です。残念ながら、根の深さは目で確かめにくいのですが、大まかにいって高く伸びる植物は背たけを支えるために根が深くなります。したがって、高く伸びるスイートコーンやオクラは地を這うキュウリやカボチャと組み合わせるとよいでしょう。

4年間の輪作栽培モデル

連作障害を避け、コンパニオンプランツを活かしたひとつの畝での4年間の輪作栽培モデルを以下に紹介します（90～110cmの畝で混作した場合なので、種播きや植え付けの時期がⅡと異なる野菜もある。また、それぞれのつくり方はⅡを参照）。

❶1年目の主役は栽培しやすいミニトマト

ゴールデンウィークごろは、ガーデンセンターや園芸店で苗が一番よくそろっている時期です。中心の野菜として、栽培しやすいミニトマトの苗を買ってきます。

畝の日当たりのよい南側に植えるために、バジルの苗も買いましょう。菜園を飾るという意味で、マリーゴールドでもよいです。これらは、トマトの根に寄生するセンチュウの予防という意味もあります。

日当たりの悪い北側には、パセリの苗を植えましょう。

図10　1年目の輪作モデル

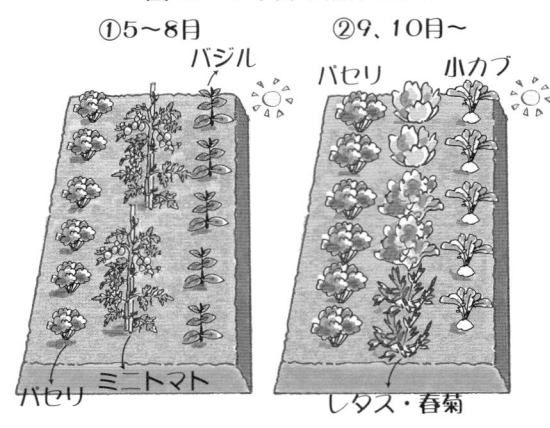

①5〜8月　　　　　②9、10月〜

バジル／ミニトマト／パセリ　　　パセリ／小カブ／レタス・春菊

図11　1年目の栽培カレンダー

5月	6月	7月	8月	9月	10月	11月	12月	1月	2月	3月	4月
バジル（マリーゴールド）						小カブ					
ミニトマト						レタス・春菊					
					パセリ						

■は種播き、植え付け　　■は収穫

パセリは本来日当たりを好みますが、真夏は日陰でつくるほうが安全です。そのころになるとミニトマトが生い茂ってくるので、パセリの日除けになります（図10）。

8月末ミニトマトの後片付けをし、9月に入ったらレタスか春菊の種を播きましょう。花をつける時期がレタスは翌年6月以降、春菊は4月なので、レタスのほうが長く収穫を楽しめます（収穫が終わると花が咲く）。

バジルは7月から10月まで収穫できます。その後には、小カブはいかがですか？

なお、パセリは春にトウが立ってくる（花をつける茎が伸びて、盛りの時期が過ぎる）ので、4月には処分します（図11）。

❷2年目の主役はたくさん採れるキュウリと葉ネギ

やはりゴールデンウィークごろにキュウリの苗を買って、畝の中央に植えます。日当たりのよい南側には、葉ネギの苗を買って植えましょう。キュウリとネギは相性のよい組み合わせです。

畝の反対側にフダン草の種を播きましょう（図12）。フダン草は多少日陰のほうが、アクが少なくて食べやすいと思います。

8月になると、キュウリは弱ってきて、小さなものしか採れません。ここで整理し、8月末に葉ネギ

図12　2年目の輪作モデル

①5〜7月　　　　　②9、10月〜

キュウリ／フダン草／葉ネギ　　　葉ネギ／春菊／ホウレン草

を植えましょう。フダン草は8月上旬に整理して、9月初めに春菊の種を播きます。5月に植えた葉ネギは10月中旬に整理し、ホウレン草の種を播きましょう（**図13**）。

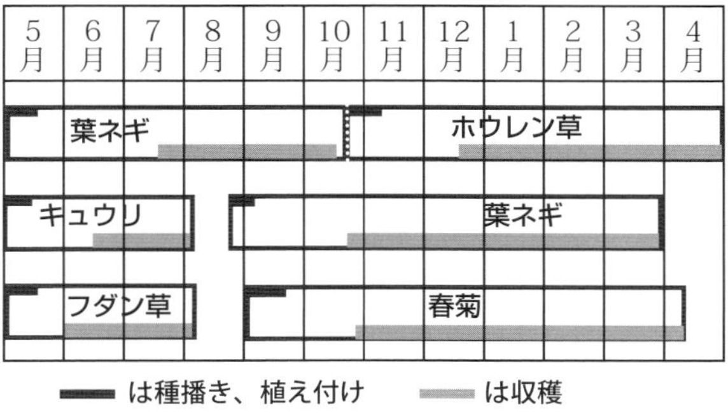

❸3年目の前半はインゲン、後半は人参と大根が主役

3年目の主役は、インゲン、人参、大根です。

インゲンは、ゴールデンウィークごろに苗が出回ります。南側にツルなしインゲン、中央側にツルありインゲンを植えましょう。その北側にはフダン草か空心菜を播きます（**図14**）。空心菜はアクがないサラダ用品種が開発されており、つくり方はフダン草とまったく同じです。

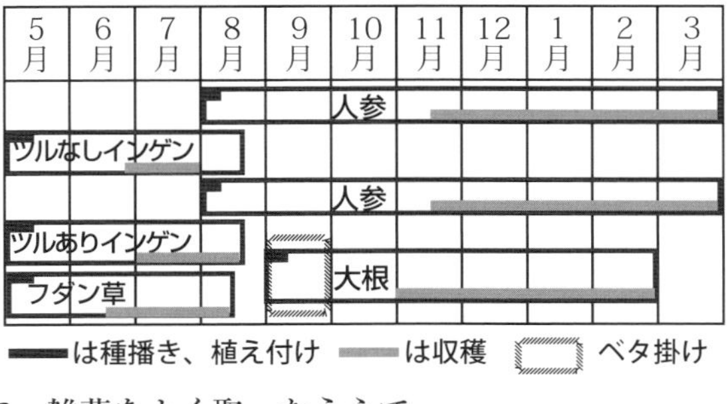

ツルなしインゲンは7月初めにいっせいに実をつけた後、収穫できない場合もありますが、人参のために残しておきます。ツルありインゲンは8月なかばが見切りどきでしょう。8月上旬、ツルなしインゲンの両側に、雑草をよく取ったうえで人参の種を播きます。播く前に水を十分に与え、インゲンの葉で覆い、乾燥を防いで発芽率を高めるのです。発芽したら、インゲンは片付けます。フダン草の後は2週間ぐらい畑をあけて、9月上旬に大根の種を播きましょう。

図13　2年目の栽培カレンダー

図14　3年目の輪作モデル
①5〜7月　　②8、9月〜

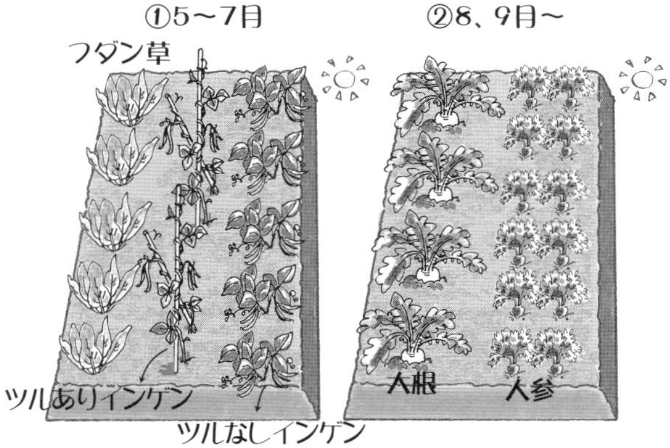

図15　3年目の栽培カレンダー

9月いっぱいは、害虫から守るためにベタ掛けをしてください(図15)。

図16　4年目の輪作モデル
①5～7月　　②8～12月
葉鶏頭　　　ラディッシュ
マリーゴールド　ワケギ　ブロッコリー　小カブ

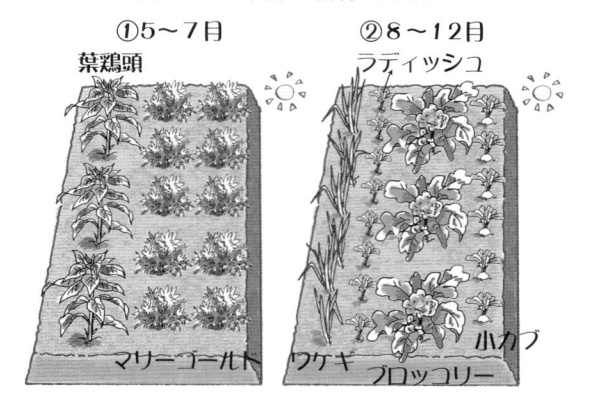

図17　4年目の栽培カレンダー

	5月	6月	7月	8月	9月	10月	11月	12月	1月	2月	3月	4月
ワケギ				■	■	■	■	■	■	■	■	■
葉鶏頭など	■	■	■									
ラディッシュ小カブ					■	■						
マリーゴールド	■	■	■	■	■							
ブロッコリー					■	■	■	■	■	■	■	

■は種播き、植え付け　■は収穫

❹4年目の前半はお花畑、後半はワケギとブロッコリー

前半は菜園をお花畑にしましょう。私のお勧めは、センチュウを駆除するマリーゴールドや百日草と、葉が食べられる葉鶏頭です(図16)。ソテーやおひたしのほか、若い葉はサラダにも使えます。花を植える場合は、畝1mあたり、有機肥料なら200g、化学肥料なら150gを元肥として与えましょう(野菜の堆肥や肥料はⅡを参照)。堆肥は与えなくてもかまいません。追肥は不要です。

後半の最初の主役はワケギです。7月には球根が店頭に並び、中旬から9月初めまでいつ植えてもかまいません。葉鶏頭のそばに植えます。葉鶏頭は長く置きすぎると、種をばらまいて発芽し雑草化するので、8月中に片付けてください。

9月にはブロッコリーを中央より少し南寄りに1列、植えます。マリーゴールドを9月いっぱい残しておくと、香りを嫌って雑草が寄ってきません。10月になったら花はすべて整理し、真ん中に早く収穫できるラディッシュや小カブの種を播きます。ブロッコリーはうまくつくると年末には畝いっぱいに広がるので、それまでのピンチヒッターと考えましょう(図17)。

上手な輪作のポイント

❶計画性と融通性

連作障害を考えると、野菜は数年先も考えて栽培しなければならず、計画性が必要です。同時に、お天気しだいという側面もあります。予想より早く猛暑がやってくれば、キュウリやインゲンは早く勢いが衰えます。そういうときは早めに片付けて、次の野菜に移るほうが得策です。

❷主役と脇役

たくさんの野菜を栽培していると、すべてがうまくいくことはありません。その場合、何を主役として重視し、何を場合によっては犠牲にするか、決断する必要があります。たとえば、人参を栽培するときの最大のポイントは発芽です。梅雨が明けると、畑が乾き、発芽率が極端に悪くなります。3年目で前作のツルなしインゲンをもう少し長く栽培したいと思っても、主役の人参のためには舞台から退場してもらわなければなりません。

❸ピンチヒッターを覚えておこう

たとえばキュウリが予定より早くダメになったとき、代わりにすぐ種を播け、早く収穫できる野菜を覚えておくと便利です。最適なのはフダン草で、次に苗がほぼ常時売られているネギでしょう。秋から早春までなら小松菜、ラディッシュ、ルッコラなどアブラナ科の野菜がピンチヒッター向きです。

10 プランター栽培のポイント

　都市部での住宅事情を考えると、ベランダや小さな庭に置いたプランターで野菜をつくろうとする人はますます増えるでしょう。私は約100㎡の野菜畑を借りていますが、プランターでも野菜やハーブをかなりつくっています。プランター栽培は、気象条件や本来の生育条件を超えて栽培できるので、畑とはまた違った面白さがあるからです。

プランター栽培の長所

❶身近に置けるので面倒が見やすい

　家から離れた市民農園では、野菜の面倒を日常的に見るわけにはいきません。これに対して、プランターは室内、ベランダや庭の一角ですから、いつでも手がかけられます。たとえば虫がついたときでも早めに発見できるので、ひどい被害が防げます。

❷野菜に適した環境を人工的につくり出せる

　たとえばハーブの一種タイムは地中海沿岸が原産地のため、日本の高温多湿の気候には合いません。とくに、関東地方に多い関東ローム層の畑で栽培すると、ほとんどが夏に枯れてしまいます。しかし、プランターで中粒の赤玉土に苦土石灰15gか有機石灰20gを加え、梅雨から秋雨が終わるころまで風通しのよい軒下に置けば、栽培できます。

　また、バジルは、畑では霜が降りたら栽培できません。でも、プランターに植えて日当たりのよい窓辺に置けば冬でも育ち、パスタが楽しめます。

　さらに、首都圏でレタスの種を畑で播けるのは2月中旬からです。しかし、プランターを南向きの室内に置けば、1カ月は早く播けます。

　一方、パセリは暑い時期に日当たりが強すぎると、弱ってしまいます。プランターなら、夏の間は日陰に移せば

問題ありません。暑さに弱いルッコラは、水切りネットで覆えば夏でも風通しのよい場所なら栽培できます。水辺の植物であるクレソンやセリのプランター栽培は、37ページで紹介したとおりです。

❸連作障害を回避できる

連作障害を気にする必要はありません。土を入れ替えればよいのですから。

プランター栽培の欠点

❶種類が限られる

トマトの根は約2m伸びるといわれています。これを15cm以下の深さの容器で育てれば、根にストレスがたまるでしょう。しかし、プランターを大きくすれば当然、重くなります。それでは、手軽に場所を移せるというプランター栽培の長所を発揮できません。不向きな野菜もけっこうあります(59ページ表9)。

❷水やりに手間がかかる

畑では、表面が乾くと地下から毛細管現象で水が上がってきます。しかし、プランター栽培では無理です。表面が乾いたら、底から水が流れ出すぐらいたっぷりと水を与えなければなりません。夏は毎日、冬でも週1回は必要です。春と秋は毎日見て、乾いたと思ったら水をやる習慣をつけましょう。

水は午前中、それもできるだけ早い時間にやってください。光合成が盛んな日中に必要だからです。夕方にやると、茎や葉が水分を含んで伸びすぎてしまいます。

❸土が硬くなる

畑や庭の土をプランターに入れて、毎日たっぷり水をやると、どうなるでしょう。土の団粒構造が崩れてコチンコチンに硬くなり、空気が逃げ、根が窒息死してしまいます。

❹肥料が流出する

毎日たっぷり水をやると、水に溶けやすい窒素とカリが流れ出してしまいます。

❺温度変化が激しい

畑では、土中の温度は地上ほど激しく変化しません。しかし、プランターの場合は側面からも影響を受けるため、かなり温度変化が激しくなります。根は外気に触れる茎や葉と違って、含有水分を減らすなど冬を越す準備をする構造には必ずしもなっていません。それで、凍傷を起こす可能性があります。逆に、夏は土の温度が上がりすぎて根が弱くなり、実をつけなくなる場合があります。

プランター栽培に向く野菜・向かない野菜

おもなものは次のとおり。**表9**も参考にしてください。

❶向く野菜

(a) ハーブ類

1回に使う量は多くないが、必要があればすぐ欲しいので、ベランダや軒下のプランターに植えると便利。地中海地方が原産で、夏の雨を好まないものが多い点も、向いている。

(b) ベビーリーフ(第Ⅱ部の1参照)

サラダのトッピングに使う場合などを考えると、1種類を大量に必要とはしないが、多種類つくりたい。小さなプランターや植木鉢をいくつも並べて、レタス、ルッコラ、春菊、カラシ菜などつくるとよい。

(c) 葉物類

レタス、ホウレン草、春菊などは根が深くまで伸びないので、つくりやすい。プランターの深さは10cmで十分。冬も南向きの軒下で栽培できる。

(d) そのほか

表9 プランター栽培に向く野菜・あまり向かない野菜

種類	向いている	あまり向かない	
		少し問題がある	問題がある
果菜類	エンドウ、ツルなしインゲン	ミニトマト（一部のミディトマトを含む）、ピーマン、トウガラシ	ミディトマト、ラージトマト、キュウリ、ツルありインゲン
根菜類	ラディッシュ、小カブ（一部の中カブを含む）、ミニキャロット、三寸人参	五寸人参、中カブ、ジャガイモ	普通の大根、大カブ、長い人参
葉物類	ベビーリーフ、レタス、春菊、小松菜、水菜、ルッコラ、カラシ菜、空心菜、ホウレン草、フダン草、葉ネギ、ワケギ、アサツキ、クレソン*、セリ*	ブロッコリー、芽キャベツ	キャベツ、紫キャベツ、長ネギ
ハーブ	パセリ、バジル		

（注1）本書で栽培について取り上げたものに限っている。
（注2）*は水耕栽培。

根が深く伸びない小カブやラディッシュ、真夏の強い光線に弱いツルなしインゲンもお勧め。

❷向かない野菜

(a)大きなプランターを必要とする野菜

里芋を栽培しようとすれば、幅と深さが30cm以上のプランターが必要となる。移動がむずかしいのでやめたほうがよい。

(b)背が高くなりすぎる野菜

トマトやオクラは背が高くなりすぎて、取り扱いに苦労する。ベランダの場合は強風が吹くと倒れやすい。

(c)根が深くなる野菜

ゴボウの根は50cm以上になる。多くの大根や人参も標準型プランターでは栽培できない。

(d)土寄せが必要な野菜

長ネギは茎を柔らかく白くするために土を寄せる必要があるので、適さない。

容器の大きさと材質

野菜の生育だけを考えれば、大きくて深いほうがいいのはいうまでもありません。しかし、手軽に場所を移せるというプランター栽培の大きな魅力を発揮するには、長さ約60cm、幅約20cm、深さ約15cmの標準型プランターが上限でしょう。材質は3つに分けられます。

❶素焼き鉢

陶器のような素焼き鉢は見た目がよいうえに、透水性と通気性もよいので根にやさしいといわれる。欠点は重く、値段が高く、壊れやすいこと。また、格好がよいので人気があるテラコッタは冬に野菜やハーブを栽培すると、水分がたまりやすい底の部分が凍って、一部がはがれることがある。

❷プラスチック

軽く、安く、壊れにくいのが魅力。素焼き鉢のような通気性はないが、空気持ちがよい赤玉土を使えば、ほとんど問題はない。ただし、温度変化の影響はもっとも受けやすい。

図18　トロ箱にプランターを入れる

❸トロ箱

鮮魚を運ぶ発泡スチロールの箱(通称トロ箱)は、見た目が悪く、壊れやすいのが難点だが、温度変化から根を守るのには適している。必ず底に穴を開けて使うこと。また、真夏と真冬には、野菜を植えたプランターを入れて二重にし、暑さや寒さから守る方法もある(図18)。

土や堆肥の配慮

❶販売されている土を使う

　周囲に土がいくらでもあるのに、なぜ買わなければならないのかと疑問をもたれる方が多いでしょう。私も最初はそう思いました。でも、庭や畑の土には雑草の種が混入しているのです。野菜の種を播いたら初めに雑草が出てきたというのは、よく聞く話です。プランター用に販売されている土なら、雑草は生えてきません。

　土はガーデンセンターや種苗店で売っています。ただし、さまざまな材料が配合された培養土はお勧めできません。手ごろな価格のものは未熟な有機物が配合されていて、根の成長を損なう可能性があるからです。質がいいものは値段が高くなります。

❷赤玉土を使う

　赤玉土を中心に使いましょう。赤玉土は多くの田んぼの土と同じように粘土質で、水分や肥料分を保つ力があります。田んぼの土と違うのは、粗い粒子なので空気を含むこともできる点です。

　市販の赤玉土には、小粒・中粒・大粒があります。普通の野菜には小粒を使ってください。価格は約10kg（15ℓ）入りで300円以下から1000円以上まで、いろいろあります。標準型プランターに入れると、多少残るぐらいの量です。また、崩れにくい性質を売り物にしている高級な赤玉土は、野菜には必要ありません。

❸堆肥を多く混ぜる

　私は畑の場合よりも堆肥の量を多くし、土に最低20％は混ぜています。

　第一に、堆肥は赤玉土と同じように、水分と肥料持ちがよいうえ、空気を含む力があり、土をふかふかにしてくれ

るからです。第二に、微生物などの繁殖をよくするためです。プランター内は特殊な環境ですから、土を入れただけでは豊かな生態系はなかなかつくれません。第三に、赤玉土を構成する粘土が団粒構造をつくることを助けるからです。

❹自然の土を２割混ぜる

最近私はポットで花の苗を栽培する熱心な農家のやり方をまねして、庭や畑の土を全体の２割混ぜています。こうした土には多くの種類の微生物がバランスよく含まれているからです。ただし、雑草の種が混入しているので、少なくとも5cmより深く埋めています。ほとんどの種子は光がなければ発芽しないので、深く埋めれば雑草が生えにくくなるからです。また、必ず4mm以上の粗い目のふるいにかけ、ヨトウムシやネキリムシなどの害虫や別の野菜の根が混入していないかチェックしてください。

❺追肥をこまめにする

スペースが狭いプランターでは根が伸びるところが限られていて、濃厚な肥料は根から水分を奪う可能性があります。また、水を多く与えると、肥料分が底から流れ出します。したがって、元肥の量を減らし、追肥をこまめに与えてください。

その際、堆肥をはじめとする有機物にくるんで肥料を与えるというテクニックが有効です。有機肥料は化学肥料よりゆっくり効くので、流れ出す割合が少なく、プランター向きといえるでしょう。これは、元肥を与えるときにも使える方法です。

土、堆肥、肥料の上手な入れ方

私は図19①のように、底に(a)赤玉土(理論上は大粒が望ましいが、野菜の場合は小粒でかまわない)か、ふるいにか

けた庭や畑の細かい土を 2〜3cm、(b)その上に同じくふるいにかけた粗い土（未分解の有機物のように貴重な成分が含まれている）を 2〜3cm 入れ、(c)その上に肥料をくるんだ堆肥、(d)一番上に小粒の赤玉土を 5cm 程度入れて、種を播いています。

ただし、次のような場合は底に土を入れず、**図 19 ②**のように、肥料をくるんだ堆肥を底に敷き、その上に赤玉土と庭や畑の土（2 割まで）をプランターいっぱいに入れています。

(a) 堆肥が未熟なとき

(b) 三寸人参や長くなるラディッシュを栽培するとき（有機物が根に触れて二股になるのを防ぐため。辛み大根や亀戸大根は、こうしてプランターでつくっていた）

(c) 大きめの苗を植えるとき

(b) や (c) の場合は、**図 19 ③**のように、脇に入れる場合もあります。なお、苗を植える場合は地表に堆肥や落ち葉を敷き詰めるのが自然の姿に近いので、好ましいでしょう。

追肥を与える場所も**図 19 ④**のように表面です。堆肥や落ち葉を上にかぶせると、肥料が太陽に当たって変質するのを防げます。

図 19　肥料や堆肥の上手な入れ方

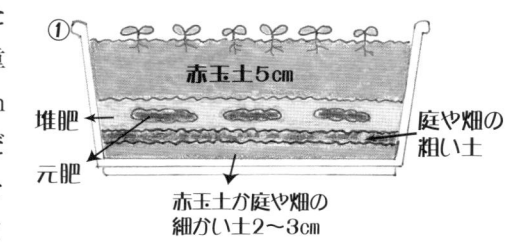

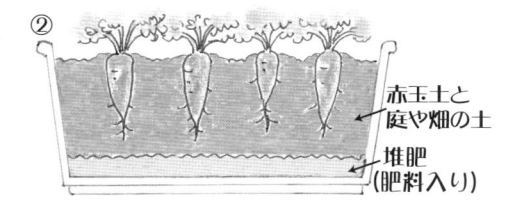

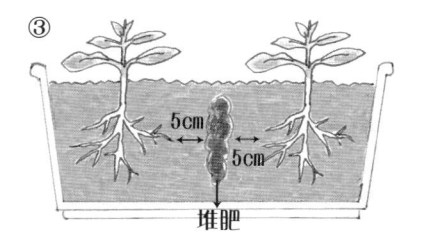

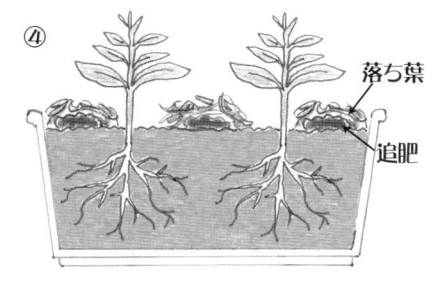

土を再利用するときの注意点

　栽培に使った土は再利用できます。その際、以下の点に注意してください。
　❶害虫のチェック
　必ずふるいにかけて、害虫が侵入していないかチェックする。
　❷堆肥の追加
　前回の栽培で与えた堆肥は一部が分解しているので、あらためて土の２割程度を与える。
　❸連作障害を避ける
　同じ科の野菜をつくるときには使わない。たとえばエンドウをつくった土は、インゲンのように同じマメ科の野菜には使わず、別の科の野菜をつくるときに利用する。
　❹雑草を防ぐ
　野菜を栽培した土には、雑草の種がばらまかれている。あらためて種を播くときは、上に新しい小粒の赤玉土を５〜10cmかける。
　❺病気や虫の被害が多く発生したとき
　ビニール袋の中に入れて密封し、日の当たるところに約１カ月置くと、病原菌が死に絶えるから、再利用できる。
　プランターの土は、堆肥など有機物を分解するし、水をやるたびに流出するので、量が減ります。肥料分も水をやる際に流出し、根に吸収されるので、減少します。しかし、堆肥や肥料と赤玉土を足していくので、半永久的に使い続けられるのです。

Ⅱ 無農薬の野菜づくり

1 ベビーリーフ

写真1　レタスのベビーリーフ

表1　栽培ポイント

つくりやすい	◎
害虫に強い	○
病気に強い	◎
連作に耐える	○
畑向き	◎
プランター向き	◎
軒下向き	◎
日陰に耐える	○
乾燥に耐える	○
収穫期間が長い	×
手がかからない	○
酸性土壌を好む	△

◎　そうだ
○　まあそうだ
△　あまりそうでない
×　そうでない

　サラダガーデン初心者にお勧めしたいのは、ベビーリーフです。
　第一に、つくるのがやさしい。
　第二に、季節や野菜の種類にもよりますが、種を播いてから1カ月ぐらいで収穫できます。
　第三に、つくるものとつくり方しだいで、ほぼ1年中栽培できます。
　第四に、美味しい！
　第五に、柔らかいので誰にも食べやすく、さっと洗うだけで手軽にサラダがつくれます。
　ベビーリーフはおもに葉物野菜の若い芽を摘んだもの。栽培する野菜の種類には、この野菜でなければいけないというような決まりごとはありません。
　レタスや春菊は苦み、ルッコラやカラシ菜は辛み、フダン草(チャード)やビーツは赤い色が、それぞれ楽しめます。そして、バジルやコリアンダーなどのハーブ類を混ぜればイタリア風やタイ風に。また、スーパーやコンビニで売られているサラダにトッピングするだけで、味や香りがまったく違ってきます。
　発祥の地はフランス南部。レタスやルッコラなどの野菜、タンポポやオオバコなどの野草の若い葉や茎をサラダ用にミックスしたベビーリーフを「メスクラン」と呼び、昔から食べていました。ベビーリーフが欧米で大流行したのは、健康志向が高まった1990年代以降で、日本でも野菜売り場の定番となりつつあります。
　日当たりをそれほど気にする必要はなく、プランターでの栽培にお勧めしたいアイテムです。
　なお、市販のベビーリーフミックスには数種類の種が入っていますが、お勧めできません。生育の早さが違うため、いっしょに播くと、遅いものが影

種 類

- **レタス→写真1**
  まずお勧めしたいのは、ベビーレタス。大きく育ったレタスにはない、とろけるような美味しさがある。8月下旬～3月に種を播ける→73ページ。
- **春菊**
  欧米では、オリエンタルムードを感じさせる野菜として流行している。種播きのシーズンは2～5月下旬と9～11月→79ページ。
- **小松菜・水菜など東洋系アブラナ科の葉物**
  ほとんどがベビーリーフとして食べるのに向いている。種播きのシーズンは9～3月→82ページ。
- **ルッコラ**
  ゴマのような風味と辛みが独特。虫と暑さに弱いので、種播きのシーズンは9～3月→82ページ。
- **カラシ菜（マスタード）**
  辛みが売り物で、葉が赤いタイプは彩りとしても使える。種播きのシーズンは9～3月→82ページ。
- **フダン草（チャード）、ビーツ**
  茎や葉が赤く、彩りがよい。種播きのシーズンは4～10月→91ページ。
- **三寸人参、ミニキャロット**
  葉に特有の香りがあり、ベビーリーフとして収穫して生でサラダにすると美味しい。種播きのシーズンは4～9月（ベビーリーフなら春播きもできる）。→109ページ。
- **バジル、コリアンダー**
  サラダや炒め物などに少し混ぜると香りがいい。種はハーブ類の種の売り場にある。4～7月が種播きのシーズン→141ページ。

響を受けてダメになってしまうからです。私が使ったときは、生育が早い白菜に負けて、水菜やカラシ菜がよく育ちませんでした。

栽培カレンダー

ベビーリーフは、年間通して何らかの種が播けて、収穫もできます。おもなものの種播きの時期は、図1を参照してください。12～2月はベタ掛けをします。収穫する際はベタ掛けを一時的にはずし、終わったらよくとめてください。

なお、以下の栽培カレンダーは原則として、畑・プランター・鉢にすべて共通です。

栽培方法は2つ。小さいときはベビーリーフとして、大きくなれば一般のレタスや春菊として収穫する方法と、ベビーリーフの段階だけを目的として栽培する方法です。前者は72ページ以降で説明し、ここでは1カ月程度で収穫できる後者を取り上げます。なお、小松菜やルッコラなどアブラナ科の葉物は平均より早く、約3週間で収穫できます。

発芽までの日数は次のとおりです。

3～10月なら、①アブラナ科の葉物＝2～3日、②レタス、春菊、フダン草＝1週間、③人参とハーブ類＝10～14日。

11～2月は、①＝4～7日、②＝7～14日、③＝14～20日。この時期に種を播くときは、ベタ掛けするか大きなごみ袋やポリ袋にプランターごと入れて

図1 ベビーリーフの栽培カレンダー

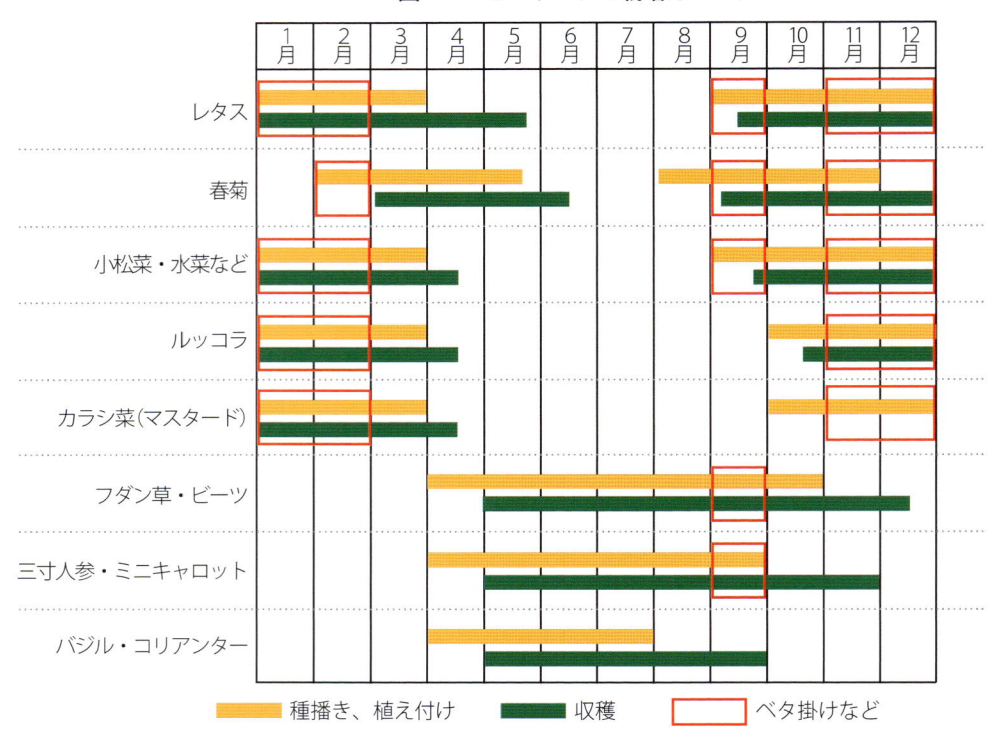

	1月	2月	3月	4月	5月	6月	7月	8月	9月	10月	11月	12月

対象：レタス、春菊、小松菜・水菜など、ルッコラ、カラシ菜（マスタード）、フダン草・ビーツ、三寸人参・ミニキャロット、バジル・コリアンダー

凡例： ■ 種播き、植え付け　■ 収穫　□ ベタ掛けなど

保温してください→35ページ。室内に置けば、発芽と成長が早くなります。

プランターでの栽培

◆種播きの準備

まず、標準型プランター（長さ約60cm、幅約20cm、深さ約15cm）の底に小粒の赤玉土を浅く（底が隠れる程度）敷いてください（図2）。

次に、プランターの中ほどまで、小粒の赤玉土かプランターで一度使った土（64ページの注意点を参照）を入れます。その上に容積の2割程度の堆肥を均等に敷き詰め、さらに元肥として有機肥料なら40g、化学肥料なら30gを均等に載せます。

この上に小粒の赤玉土を、プランターの縁から1～2cmのところまで入れてください。赤玉土の層は最低5cmは必要です。一度使った土は雑草が生えやすいので、一番上には使わないようにしましょう。

ベビーリーフは栽培期間が短いため、即効性のある化学肥料、もしくはボカシ肥のような有機肥料を使ってください。また、以下も含めて、有機肥料は窒素・リン酸・カリ各5％、化学肥料は窒素・リン酸・カリ各8％が基本です。

なお、ベビーリーフは根があまり伸び

図2 プランターでのベビーリーフの種播きの準備と種播き

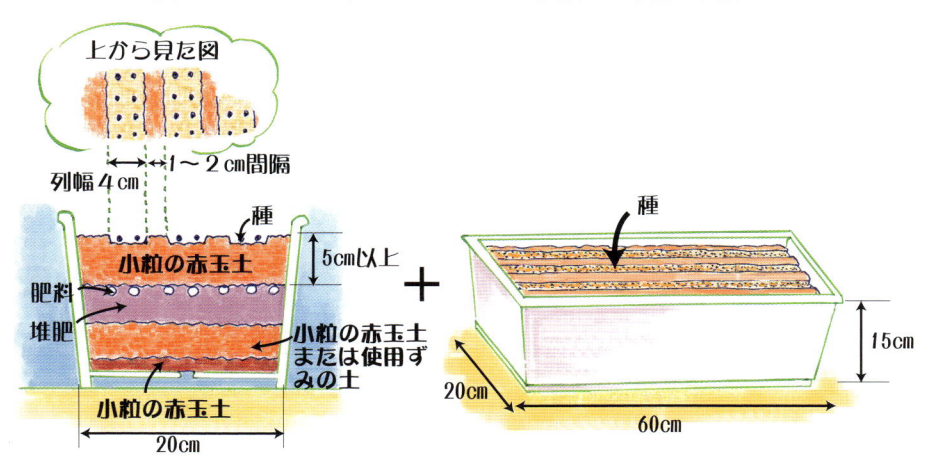

ないので、もっと浅いプランターでも栽培できます。その際の施肥量は、標準型プランターを参考に容積を計算して決めてください。たとえば長さ約30cm、幅約10cm、深さ約7.5cmのプランターを使うときは、標準型の使用量の8分の1になります。

◆種播き

土の表面を細い板できれいにならした後、プランターの底から水が流れ出すほど、たっぷり水をやってください。袋詰めの赤玉土は乾燥していますから、2～3回水やりをしたほうがよいでしょう。

バラ播きすると、ムラになりやすく後々の管理がしにくいため、標準型プランターの場合、3列播きをお勧めします。

ムラをなくすために、2cm間隔で板を押しつけて幅4cm、深さ1cmの浅い溝をつくり→図2、その溝の中に1～2cmおきに1粒ずつ種を播いていきます。野菜の種類によって種播きの際のポイントが異なるので、75ページ以下の説明を参照してください。

種を播いた後、ていねいに水をかけましょう。寒い時期(11～2月)はベタ掛けするか、プランターごと大きなポリ袋で包んでおくと、乾燥を防ぎ保湿・保温効果があるため、発芽率が高まります。この時期は発芽後もベタ掛けするか袋を掛けておくと、生育が促進されます。3月に入ったら、取りはずしましょう。

また、9月は害虫が多い時期なので、ベタ掛けをしておくと害虫から守れます。10月になったらはずしましょう。ベタ掛けなどをはずした後は乾燥するので、土が乾いていたら必ず水をやってください。

◆間引き

発芽後、混み合っているところは随時、間引きをします。「葉と葉が触れ合わないこと」が間引きの原則です。

写真2　ベビーリーフの植木鉢での栽培

◆種播き

種は1～2cm間隔のバラ播きにしましょう。種播き後はポリ袋をかぶせておくと、発芽促進と保温に役立ちます。台所の水切りネットは虫よけになるので、9月のように害虫が心配なときに利用してください。暑さに強い小松菜、チンゲン菜、カラシ菜、フダン草は、水切りネットを使えば夏でも栽培できます。

◆収穫と追肥

大きくしてから収穫したほうが量は増えますが、堅くなる可能性があります。本葉4～5枚以内が収穫のタイミングです。

収穫の際、葉を1～2枚残しておくと、多くはまた芽が出てきます。その芽が大きくなったら、2回目の収穫です。収穫後、最初の収穫のときに入れた元肥の半量（有機肥料なら20ｇ、化学肥料なら15ｇ）を、追肥として与えましょう。

◆その後の管理と収穫

プランターと同じです。

植木鉢での栽培

写真2のように、植木鉢をいくつもそろえて、さまざまなベビーリーフを栽培するのも楽しいものです。鉢の深さは10cmあれば十分でしょう。ここで紹介するのは、4号鉢（上部の外径12.6cm、高さ12cm）を使った栽培法です。

◆種播きの準備

プランターと同じ。元肥の量は有機肥料なら3ｇ、化学肥料なら2ｇです。

畑での栽培

ここでは、ベビーリーフを目的とした栽培方法を説明します。ベビーリーフは早く収穫できるので、畑があいたときのピンチヒッター役に適任です。

この本では、90～110cm幅の広い台形の畝での栽培を紹介しています。72ページ以降の畝の使い方は、畝の長い方向に平行に、種を播き、苗を植えることを基本としました。しかし、ベビーリーフに関しては、次の理由で畝の長い方向と垂直になるように種播きすることも、次のような理由でお勧めします→図3。

❶いろいろな種類を、量に変化をつけて栽培できる

ベビーリーフの楽しみのひとつは、いろいろな種類をミックスした栽培だ。垂直にすると、一度に何種類も種が播ける。

❷継続的に種が播ける

ベビーリーフが本当に美味しい時期

図3 ベビーリーフの畝の使い方

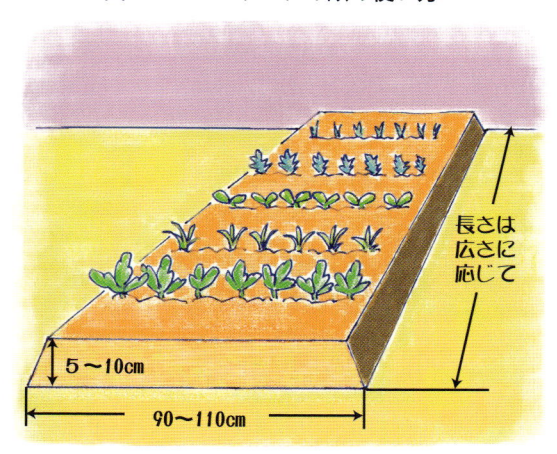

は、あまり長くない。継続的に味わうためには、種を15～20日おきに播く必要がある。この方法だと、少しずつ何度も種を播きやすい。

◆種播きの準備

畝の高さは5～10cmにします。種を播く野菜の数に合わせて深さ7～10cm、幅10cmの溝を30cm間隔で何本かホーか鍬で掘り、1mあたり堆肥300gと、有機肥料なら100g、化学肥料なら70gを入れてください。そして、掘った土を埋め戻し、平らにならします→図4①。

なお、レタスと人参の場合は、有機石灰なら約110g、苦土石灰なら90gを加えてください。

◆種播きとその後の管理

堆肥と肥料を埋めて土を戻したところに、ホーや鍬で幅10cm、深さ1cmの浅い溝（播種床）を30cm間隔でつくり、そこに1～2cm間隔で3列播きします→図4②。栽培上の注意や収穫は、プランターの場合と同じです。

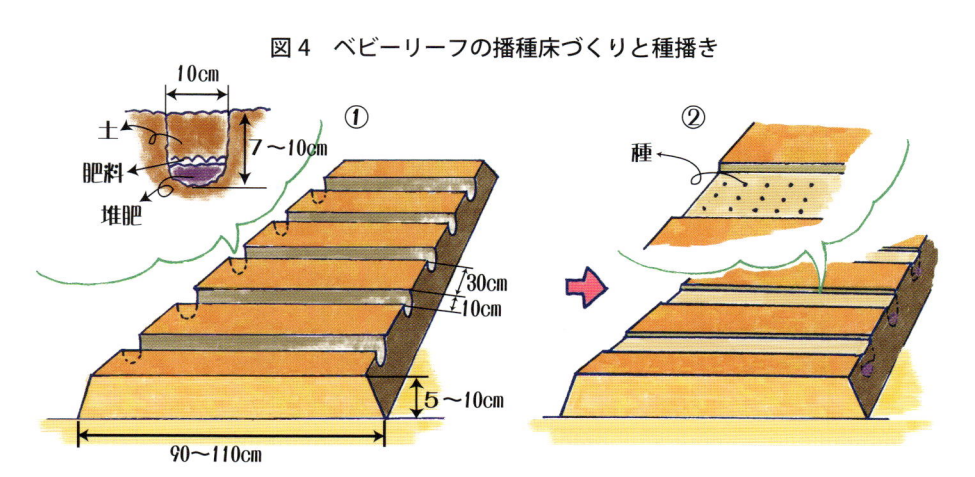

図4 ベビーリーフの播種床づくりと種播き

2 レタス〈キク科〉

写真3　レタスの一種サンチュ

表2　栽培ポイント

つくりやすい	◎
害虫に強い	○
病気に強い	◎
連作に耐える	○
畑向き	◎
プランター向き	◎
軒下向き	◎
日陰に耐える	○
乾燥に耐える	○
収穫期間が長い	◎
手がかからない	○
酸性土壌を好む	△

◎　そうだ
○　まあそうだ
△　あまりそうでない

　秋からゴールデンウィーク明けまでのサラダガーデンの主役は、レタスでしょう。理由は次のとおりです。
　①収穫期間が長い。初秋に種を播くと、約1カ月で間引いたものをベビーリーフとして収穫できる。間引きが終わった後は、下の葉からハサミで切ったり、手でちぎって収穫でき、翌年5月いっぱいまで楽しめる。
　②この時期は病気や害虫が少ない。
　③栽培が楽。とくにプランターでの栽培にお勧め。
　④それほど日当たりを必要としない。1日2〜3時間で大丈夫。
　⑤見た目がきれいなので、海外では普通の花壇や庭にも植えられる→写真4。

写真4　フランスのホテルの庭に植えられていたレタス

栽培カレンダー

　もっとも栽培が楽な秋播き（播きやすい時期は9月）は、9月下旬のベビーリーフから始めて、翌年の5月いっぱいまで、収穫を楽しむことができます。年内にスーパーや八百屋で売っているような

レタス

特性

地中海地方原産で、次のような原産地の条件による特性がある。
① 中性〜弱アルカリ性の土を好む。
② 高温多湿は苦手。
③ 小松菜や水菜などに比べると耐寒性がないので、関東地方でも12〜2月はベタ掛けするほうがよい。プランターは日の当たる軒下に移そう。
④ 6〜7月が開花・結実期。8月中旬以降に種を播こう。
⑤ 発芽には光が必要なので、土はほとんどかけない。
⑥ 連作障害の少ない作物といわれているが、私は少なくとも次の1年間は他の野菜をつくっている。
⑦ 害虫はほとんどつかない。ただし、5月ごろヨトウムシの被害にあうことがある。

種類

結球タイプ（一般的なレタス）・半結球タイプ（サラダ菜）・結球しないタイプ（サンチュ→写真3・リーフレタス→写真5など）の3タイプ。いずれも、緑色をしたものと、赤紫色を帯びたものがある。つくりやすく家庭菜園向きなのは、結球しないタイプ。

結球しないタイプを中心に、いろいろな品種を混ぜた種が販売されていて、さまざまな色や形を楽しめるので、私もよく栽培している。しいて欠点をあげるとすれば、丈夫な品種だけが残ることだが、間引き収穫のときに大きすぎる株の葉を多めに収穫すれば、生育がセーブされて問題はない。

写真5　赤紫色のリーフレタス

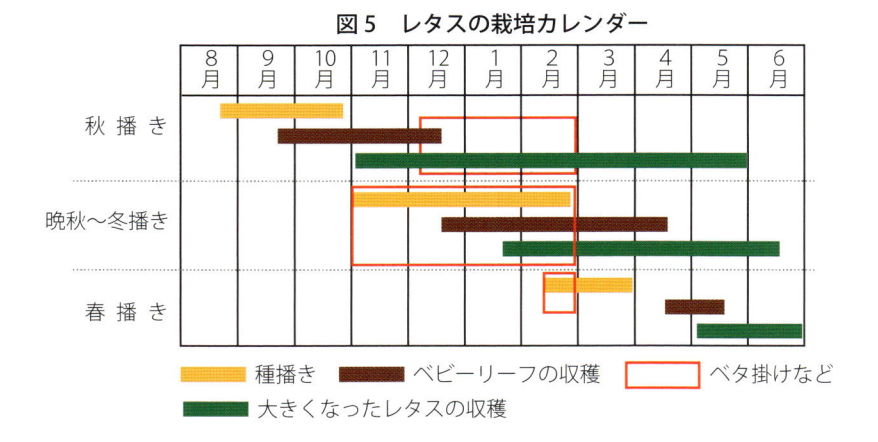

図5　レタスの栽培カレンダー

種播き　　ベビーリーフの収穫　　ベタ掛けなど
大きくなったレタスの収穫

図6 レタスの播種床づくり

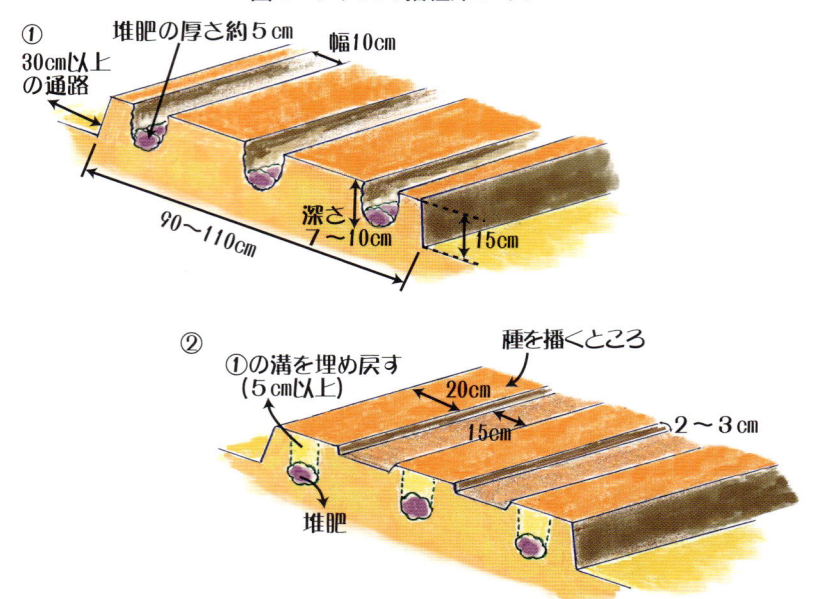

大きな株にしたいときには、8月下旬に種を播きましょう。

種は発芽率をよくするために一晩水につけてから、水を切ってラップなどに包んで冷蔵庫の野菜室に入れて毎日チェック。発芽が始まったら、すぐに播いてください。だいたい2〜3日かかります。

普通の秋播きの次に楽なのは、2月中旬から3月にかけて播く春播きです。2月中はベタ掛けをしましょう。晩秋〜冬播きの場合は、最初から霜よけや寒さ対策のためにベタ掛けをしてください。

畑での栽培

◆畝づくり

まず、畝1mあたり有機石灰なら300g、苦土石灰なら250gを撒いてから鍬かスコップで耕し、幅90〜110cm、高さ15cmの畝をつくります。レタスはどちらかというと湿地を好まないため、水がたまりやすい場所では、畝を15〜20cmにしてください。

なお、隣の畝との通路は最低30cmはとりましょう。これより狭いと作業しづらいからです。これは、他の野菜も同じと考えてください。

◆播種床づくり

深さ7〜10cm、幅10cmの溝をホーか鍬で両端と真ん中に3列掘ります。次に、溝1mあたり堆肥などの有機物を300〜400g（厚さ約5cm）敷き詰めます→図6①。その上に溝1mあたり、有機肥料（窒素・リン酸・カリ各5％）なら300g、化学肥料（窒素・リン酸・カリ各8％）

図7　レタスの種の播き方
種は1〜2cmの間隔で播く

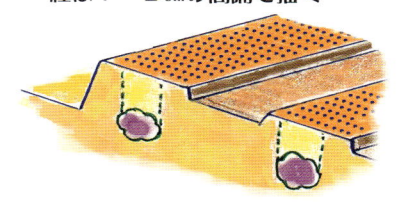

なら200gを元肥として撒いてください。そして、溝を掘った際に出た土を、堆肥と肥料の上にかけて元に戻します。有機肥料を使う場合は速効性がないので、種を播く1〜2週間前に播種床づくりをしてください。

なお、レタスは水に弱いため、種を播く部分（播種床）が2〜3cm高くなるようにしましょう→図6②。そして、畝全体を細い板でならしながら少し押しつけ、土を落ち着かせます。乾燥して発芽不良になるのを防ぐためです。

◆種播き

各播種床に種を4〜5列、1〜2cm間隔で1粒ずつ播きます→図7。

発芽には光が必要なので、基本的に土はかけません。土が乾燥しているときのみ、5mm程度の土をかけましょう。そして、再度細い板で種を播いた部分を押さえて、土を落ち着かせてください。

◆その後の管理

芽が出たら、混み合ったとこ
ろから間引きを始めてください。間引いたものはベビーレタスとして食べられます。**写真6**の右側は間引き前、左は間引き後の姿です。これぐらいの大きさのベビーリーフは柔らかく、口に入れるととろけます。

間引きを繰り返し、最終的には株間の距離を20〜30cmにします。レタスは蒸し暑い状態に弱いため、根元に風が入るように、株と株の間をしっかりあけましょう。

本葉が4〜5枚になったら、畝1mあたり、元肥の半量（畝1mあたり有機肥料なら150g、化学肥料なら100g）を追肥して、肥料が隠れる程度に土をかけます。冬越しした場合、3月初めに同量を追肥してください。

◆収穫

間引きが終わったら、下の葉からハサミで切るか手でちぎって収穫できます。なお、レタスはそれほど寒さに強くない

写真6　ベビーリーフの間引き収穫開始
　　　（右は間引き前、左は間引き後）

ので、12〜2月はベタ掛けで防寒したほうが安全です。

◆**いろいろな野菜との混植**

レタスはいろいろな野菜といっしょに植えると、お互いに生育にいい影響をもたらします。コンパニオンプランツとしての効果は大根、人参、玉ネギなどでよく知られていますが、それだけにはとどまりません。

写真7は私の畑です。右からワケギ、レタス、のらぼう菜、小松菜の順に並んでいます（11月末）。のらぼう菜は花茎を食べるアブラナ科の葉物で、東京都旧五日市町（現在のあきるの市）の特産です。

9月に一番南側にワケギの苗を植え、レタスと小松菜の種を播きました。続いて11月初めにのらぼう菜の苗を購入。レタスと小松菜の間に植え付けました。

小松菜は20日後、レタスは1カ月後から間引き収穫を繰り返しました。生育がもっとも早い小松菜は、12月初めに収穫終了です。

レタスは、最終的には株間を20cm間隔にして、5月中旬まで収穫しました。のらぼう菜は、3月には畝全体に広がっていきましたが、収穫は4月からです。ワケギは一部を11月に、残りの大半は4月に収穫。この3つは、5月中旬で整理しました。

また、葉がきれいなレタスは、花壇で花といっしょに植えるのも一案です→写真8。

プランターでの栽培

レタスは根があまり深く伸びないため、プランターで栽培しやすい野菜です。深さは10cm程度でもかまいません。暖かい場所への移動やカバーリングが楽なので、晩秋播きや2月の春播きに威力を発揮します。ここでは、標準型プランターの例で説明しましょう。

写真7　レタス畑での混植

写真8　デンパーク（愛知県安城市）で見かけたレタスと花のハンギングバスケット（空中に吊るしたり壁に掛けたりする装飾園芸）

図8 プランターでのレタスの種播き

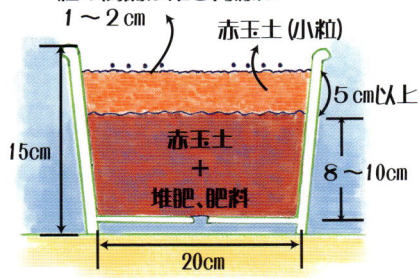

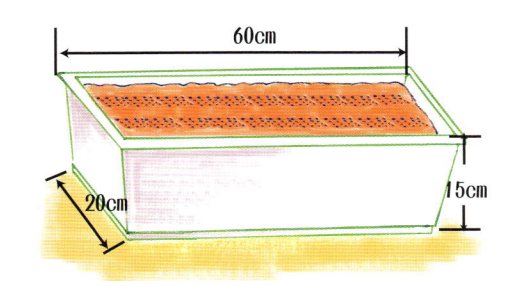

種の間隔は畑と同様に 1〜2cm
赤玉土(小粒)
5cm以上
15cm
赤玉土＋堆肥、肥料
8〜10cm
20cm
60cm
20cm
15cm

◆種播きの準備

　初めて栽培する場合はプランターの底に、小粒の赤玉土7、堆肥3の割合で混ぜて、8〜10cm入れてください。そして、有機肥料なら30g、化学肥料なら20gを撒き、その上に小粒の赤玉土をプランターの縁から1〜2cmのところまで、最低5cm敷き詰めます（図8）。その後で土をならし、プランターの底から水が流れ出すぐらいたっぷり水をやってください。

◆種播き

　5cm間隔で2列に種を播きます。各列2cm間隔で幅1cm、深さ1cm、の浅い筋をつけて、その筋の中に1〜2cm間隔で1粒ずつ播いてください。播いた後、種が隠れる程度に水をやります。

◆その後の管理

　種播き後の管理は畑と同じです。秋播きの場合は、秋雨や台風が多い時期に苗がまだ小さいので、軒下に避難させてください。

　畑と同様に、混み合ったところから間引きします。最終的に3株程度になるように、株と株の間をあけてください。

　本葉が4〜5枚になったら、元肥の半量（有機肥料なら15g、化学肥料なら10g）の追肥を与え、新しい赤玉土や、畑か花壇の土を肥料が隠れる程度に軽くかけてください。冬を越した場合は、3月初めに同量を追肥します。

　レタスは乾き気味の気候を好みますが、11〜2月までは週1回たっぷり水をやりましょう。3月以降は雨が当たる場所に出せば、水やりの回数が減らせます。土を乾かしすぎて、葉をしおれさせないように注意してください。

　冬は南向きの軒下に置いて、寒さよけ対策をしましょう。11〜2月に播く場合、最初からベタ掛けやポリ袋に入れるなどカバーリングをしたほうがいいです。3月になったら徐々にはずしていきます。

　収穫方法は畑と同じです。

3 春菊〈キク科〉

表3 栽培ポイント

つくりやすい	◎
害虫に強い	◎
病気に強い	◎
連作に耐える	○
畑向き	◎
プランター向き	◎
軒下向き	◎
日陰に耐える	○
乾燥に耐える	○
収穫期間が長い	○
手がかからない	○
酸性土壌を好む	○

◎ そうだ
○ まあそうだ

写真9 冬を越した中葉系春菊。これから茎が伸びる

　春菊のベビーリーフは、日本ではまだ一般的ではありませんが、サラダに混ぜると香りとほろ苦い味が絶品です。中葉系と大葉系があります。どちらも、まず種播き後約1カ月で間引きした若い柔らかい葉先を手で摘んで、収穫してください。大きくなった茎と葉はおひたしなどに最適。京都では大葉系の葉を鍋料理によく利用します（茎は使わない）。栽培上の最大の魅力は、病気や害虫の心配がまったくないこと。

畑での栽培

◆種播きの準備

　幅90～110cm、高さ5cmの畝をホーか鍬でつくり、深さ7～10cm、幅10cmの溝を20～25cm間隔で3列掘ります。次に、溝1mあたり堆肥300～400gと、有機肥料（窒素・リン酸・カリ各5％）なら300g、化学肥料（窒素・リン酸・カリ各8％）なら200gを撒いてください→図9。そして、溝を掘った際に出た土をかけて元に戻し、1mあたり約2ℓ水をやったうえで、細い板で土をよくならします。有機肥料を使う場合は、1～2週間前までにこの作業を終えましょう。

◆種播き

　春菊は発芽率が悪いことで有名です。まず播種床に水を十分与えてから播いて

図9　種播きの準備

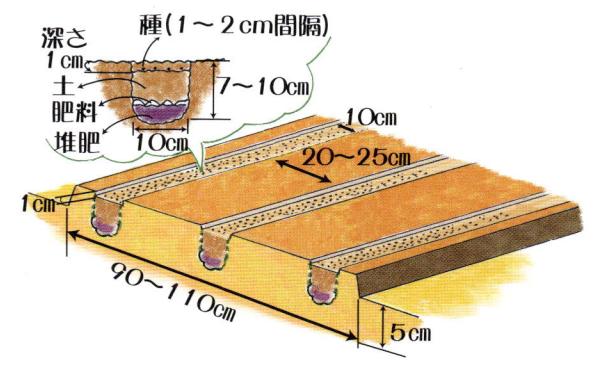

特性

① レタスと同じく、地中海地方原産で、東洋で野菜として発達した。日本の気候にも順応したため、古くから栽培されている。
② プランター栽培にも向き、日当たりをそれほど必要とせず、種は好光性など、レタスとよく似た特性がある。寒さにはレタスよりもやや弱い。
③ 問題点は、種の発芽率が悪いこと。とくに、乾燥すると発芽率が低下する。発芽に成功すれば楽。
④ 秋播きも春播きも、楽に栽培できる。秋播きは9月から。

かせてください。

播いたらベタ掛けをして、乾燥を抑えるのも効果的です。ベタ掛けは芽が出そろったら、取りはずしてください。

◆その後の管理

本葉が3～4枚出たころから、混み合ったところを4cm間隔に間引いて、ベビーリーフとして食べます。いっしょに雑草も取りましょう。その後も間引き収穫を続け、最終的には株間を8～12cmにしてください。高さ10cm程度に育った後は、茎の途中から摘み取って収穫できます。

種播き後2カ月たったら、列の間に追肥を与え、軽く土をかけてください。追肥の量は元肥の半分です。

寒さに弱いので、12～2月はベタ掛けをして、寒さから守ってください。

ください。「十分」の目安は、水を撒いた場所を4～5cm掘ったとき、土が水分を含んで、乾いた部分の土とは色が変わっているような状態です。

3列播きとします。堆肥と肥料を埋めたところに、各列幅10cm、深さ1cmの浅い溝（播種床）を20～25cm間隔で3列掘ってください。その上に1～2cm間隔で1粒ずつ種を播き、じょうろで軽く水をかけましょう。そして、細い板で播いた部分を押さえて、土を落ち着

プランターでの栽培

レタスの場合と同じです。発芽率を上げるためには、春播きの場合はプランターごとビニール袋に入れるのが効果的です。秋播きの場合は温度が上がりすぎるので、ベタ掛けのほうがいいでしょう。

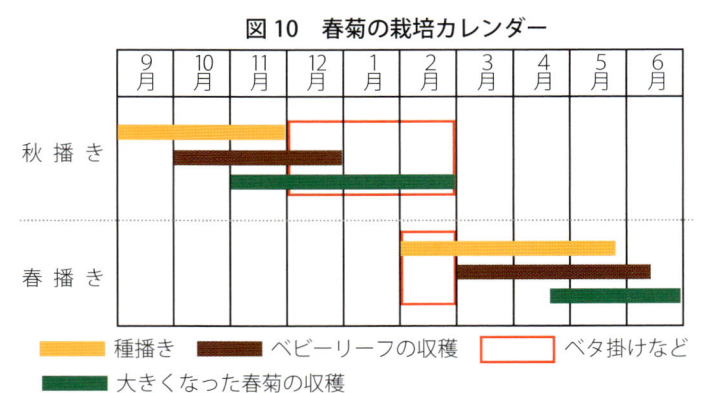

図10　春菊の栽培カレンダー

	9月	10月	11月	12月	1月	2月	3月	4月	5月	6月
秋播き	種播き	種播き／ベビーリーフ	ベビーリーフ／ベタ掛け	ベタ掛け／大きくなった春菊の収穫	大きくなった春菊の収穫	大きくなった春菊の収穫				
春播き					種播き／ベタ掛け	種播き／ベタ掛け	種播き／ベビーリーフ	ベビーリーフ	大きくなった春菊の収穫	

■ 種播き　■ ベビーリーフの収穫　□ ベタ掛けなど　■ 大きくなった春菊の収穫

4 アブラナ科の葉物
〈小松菜、水菜など〉

表4　栽培ポイント

つくりやすい	◎
害虫に強い	×
病気に強い	◎
連作に耐える	○
畑向き	◎
プランター向き	◎
軒下向き	◎
日陰に耐える	○
乾燥に耐える	○
収穫期間が長い	△〜○
手がかからない	○
酸性土壌を好む	○

◎　そうだ
○　まあそうだ
△　あまりそうでない
×　そうでない

写真10　3月初旬、市場に出回るころの小松菜

　アブラナ科の葉物は、若いうちはベビーリーフとしてサラダに、大きくなったらおひたしや炒め物、鍋物などで味わってください。ここでは、種播きから栽培を始める野菜を扱います。
　秋から春にかけて初心者に一番つくりやすいのは、アブラナ科の葉物です。理由は以下のとおりです。
①レタスや春菊より生育が早く、栽培が楽で、土をほとんど選ばない。
②種が大きいので播きやすい。
③双葉は20日前後でツマミ菜(ベビーリーフ)として収穫できる。また、ほとんどの種類がトウ立ちしても、花が咲くまでに収穫すれば花茎を美味しく食べられる。サラダのトッピングに役立つ。
④畑でもプランターでも栽培できる。
⑤あまり日当たりを必要としない。
⑥短期間で収穫可能な種類が多いので、畑があいたときの栽培に便利。
⑦ほとんどの種類が寒さに強い。
⑧花がきれいなので、花壇に植えたり鉢植えにして楽しめる。エディブルフラワー(食べられる花)としても利用できる。
　地中海地方が原産地ですが、多くの品種は渡来してからの年月が長いため、日本の気候に順応しています。
　ただし、夏に向かう時期の栽培はあまりお勧めしません。地域やその年の気候にもよりますが、ゴールデンウィーク前後から、アオムシ・ヨトウムシ・コナガ・キスジノミハムシなどの害がひどくなるためです。暑さに向かうと、味もよくありません。

特性

①関東地方以西では霜よけを必要とせず、冬を越すと味が明らかによくなる。
②連作の害も少ないほう。ただし、連作すると害虫は増える。
③酸性土壌に強いため、石灰類を使う必要はない。
④暗くしないと発芽しない。播くときは必ず土を2cmかける。

種類

アブラナ科の植物には地域独特の品種「在来種」が多く見られます。よく知られているものには、長野の野沢菜・京都のスグキ菜・大阪のシロ菜・広島の広島菜・福岡の三池高菜・長崎の長崎白菜などがあります。お住まいの地域の在来種を育ててみてはいかがですか？

● 小松菜

種を播いてから1〜2カ月で収穫できるので、初心者にまずお勧めしたい。トウが立っても美味しく、花も楽しめる→**写真10**。

農家は暑さに強いように改良した品種を1年中栽培しているが、こうした改良種はチンゲン菜などと交配してつくられたものが多く、「小松菜本来の味が出ない」という声も聞く。家庭菜園では昔ながらの品種を栽培するのが面白い。

● 水菜（京菜）

大きく育てて鍋物や漬け物にしたい場合は、9月に種を播き、最終的な株間が30cm以上開くよう間引く。収穫は翌年1月以降に。最近は若取りしてサラダやおひたしにするのが流行っているようだ→**写真11**。同じ京野菜の壬生菜も性質が似ていて、同じ方法で栽培できる。

● カラシ菜・高菜

漬け物にして辛みを生かすなら、トウが立ったときが収穫の適期。ベビーリーフとして使う場合は、種播き後1カ月以内が収穫時期。カラシ菜の仲間には、中国野菜のセリホン（雪裡紅）や、葉が赤紫色のものがある。

● チンゲン菜、タアツァイ、パクチョイ

人気の中国野菜。チンゲン菜は、品種によっては少し大きくなるとトウが立つが、その花茎も美味しい→**写真12**。タアツァイは非常に寒さに強く、寒さにあたるとうま味を増す。パクチョイはチンゲン菜とほぼ同じ。

写真11 2月末の水菜。鍋物に最適な大きさ

写真12 トウ（花茎）の立ったチンゲン菜。花茎がいちばん美味しい時期

● 山東菜（さんとう）

本来は大きく育てて漬け物などにする。ただし、初期の生育が小松菜よりもよいので、ベビーリーフでサラダに、種播き後約1カ月で炒め物やおひたしにも合う。アブラナ科のなかでは寒さに弱いので、晩秋〜早春播きは避ける。

● ルッコラ（ロケット）

イタリア料理ブームで世界的に人気が出てきた。ゴマのような風味と辛みが売り物。大きくもできるが、美味しいのは種を播いてから1カ月以内のベビーリーフ→**写真13**。葉を1〜2枚残してカットするとふたたび芽が出てきて、収穫できる。虫と暑さに弱いので、種播きは10月以降がよい。

写真13　ルッコラのベビーリーフ

栽培カレンダー

◆秋播き

楽に栽培できて、ベビーリーフから大株やトウ（花茎）に至るまで、すべての段階で収穫でき、味もいいのが秋播きです。9月上旬に播くときは、まだ害虫が多いので、9月一杯ベタ掛けすることをお勧めします。

◆晩秋〜早春播き

2月中旬までベタ掛けなどの寒さよけをして、冬に少しでも大きくすることが前提です。プランターで栽培する場合は、芽が出るまで室内に入れておくと発芽が早くなります。

この時期の栽培上の問題は、大きく育つ前にトウが立ってしまうこと。小松菜、山東菜、チンゲン菜は収穫までの時期が短い、トウ立ちの遅い品種が販売されていますから、それらを利用するのもよいでしょう。ただし、害虫の発生や秋播きに比べると大きく育ったものの味が劣ります。若採りして、サラダ用を中心にするのがよいでしょう。

◆春播き

最大の問題点は、アオムシ、ヨトウムシ、コナガなどの害虫です。避けるには、防虫ネットを張るか農薬を撒くか。前者は手間がかかるし、地面からしのび込まれる可能性があります。私も以前やられました。後者はこの本の主旨に反します。

病気や害虫の発生は、場所や気候によって早まったり遅くなったりす

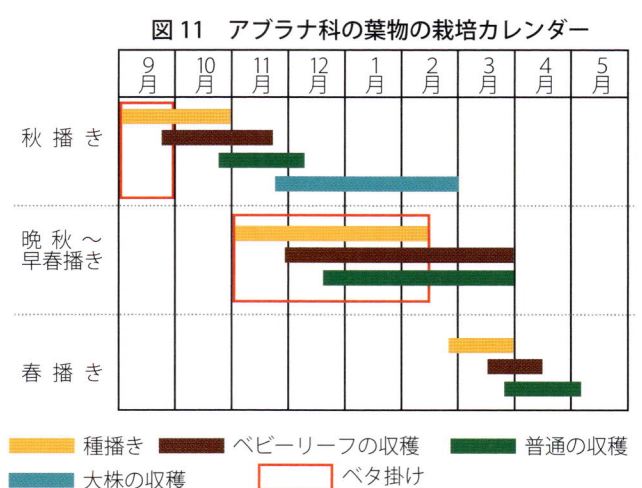

図11　アブラナ科の葉物の栽培カレンダー

種播き　　ベビーリーフの収穫　　普通の収穫
大株の収穫　　ベタ掛け

ることがあります。いずれにしても、この時期の栽培は、途中であきらめなければならない場合があることを、頭に入れておく必要があります。3月中に播き終え、晩秋〜早春播きと同じく若採りに専念してください。

表5 アブラナ科野菜の最終的な株間の距離

種　類	株間(cm)
小松菜	2〜5
ルッコラ	2
カラシ菜・高菜・チンゲン菜	10〜15
水菜・壬生菜・山東菜	30

畑での栽培

◆種播きの準備

幅90〜110cm、高さ5〜10cmの畝を鍬かホーでつくり、深さ7〜10cm、幅10cmの溝を20〜25cm間隔で3列掘ります。次に、溝1mあたり堆肥300〜400gと、有機肥料（窒素・リン酸・カリ各5％）なら300ｇ、化学肥料（窒素・リン酸・カリ各8％）なら200ｇを撒いてください。

そして、溝を掘った際に出た土をかけて元に戻し、ホーか細い板で土をよくならします。有機肥料を使う場合は、1〜2週間前までにこの作業を終えてください。

◆種播き

3列播きとします。堆肥と肥料を埋めたところに、各列幅10cm、深さ1cmの浅い溝（播種床）を20〜25cm間隔で3列掘ってください。その上に1〜2cm間隔で1粒ずつ種を播き、土を細かくして1cm程度かけましょう。

雨が降った後など手で触ってみて土がよく湿っているとわかるとき以外は、1mあたり約2ℓの水をやるほうが無難です。そして、細い板で播いた部分を抑えて、土を落ち着かせてください。

◆間引きと追肥

双葉の段階から間引きを始めます。「葉と葉が触れ合わないように」が原則です。間引き菜はサラダやおひたしに利用しましょう。それぞれの野菜の最終的な株間の距離は**表5**を参照してください。

追肥は、小松菜や山東菜など収穫までの期間が短い野菜は不要です。水菜・カラシ菜・高菜などを秋に播いて大株にする場合は、種播きの1カ月後に元肥の半量（畝1mあたり有機肥料なら150g、化学肥料なら100g）を与えてください。

◆収穫

ハサミで根元から切るのが、土がつかず、洗う手間が省けて便利です。ベビーリーフのときも、ハサミを使ったほうがいいと思います。大きくなってから収穫する場合は、手で引き抜きます。

プランターでの栽培

畑と同様に楽です。種播きまでは、播いた種に1cm土をかける以外はレタスと変わりません。その後は畑と同じです。

5 ブロッコリーなど
〈アブラナ科〉

写真 14　11月末が早生種の最初の収穫時期

表6　栽培ポイント

つくりやすい	*◎
害虫に強い	×
病気に強い	◎
連作に耐える	○
畑向き	◎
プランター向き	△〜×
軒下向き	◎
日陰に耐える	△
乾燥に耐える	○
収穫期間が長い	◎
手がかからない	○
酸性土壌を好む	○

◎　そうだ
○　まあそうだ
△　あまりそうでない
×　そうでない
＊適期に苗から始めた場合

　ブロッコリーやキャベツの仲間は、苗を買って栽培してください。苗は年中出回っていますが、家庭菜園ではコナガやヨトウムシなどの害虫を避けるため、9月に苗を植えて秋から春までの栽培にしましょう。
　なお、早生種として売られているものは年内に確実に収穫できますが→写真14、中生種・晩生種の収穫はたいてい年明けからとなります。販売されている苗にはどのタイプかが表示されていない場合が多いので、店員に確かめてください。なお、紫キャベツと芽キャベツの場合、日本で売られているのは中生種と晩生種だけです。
　私は収穫期間を長くできるブロッコリーをお勧めします。農家の場合はたいてい早生種の収穫を年内に終えますが、それは最初の収穫後に出てくる脇芽がだんだん小さくなり、市場出荷に向かなくなるからです。家庭菜園の場合は小さくてもかまいません。うまくいけば害虫が手に負えなくなる4月末まで、半年以上も収穫を楽しめるでしょう。芽キャベツも同様につくれます。
　キャベツをあまりお勧めしたくない理由は、苦労してつくった割に一斉に収穫しなければならないからです。つくる場合は、冬の彩りにもなる紫キャベツ→写真15 がいいでしょう。

写真15　12月末の紫キャベツ

図12 ブロッコリーの栽培カレンダー

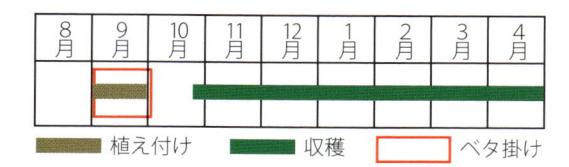

8月	9月	10月	11月	12月	1月	2月	3月	4月

植え付け　収穫　ベタ掛け

畑での栽培

◆栽培時期

　関東地方で栽培しやすい方法は、秋の初めに苗を買い、12月から春にかけて収穫する方法です。ただし、苗を植える9月はまだ害虫が多いので、ベタ掛けで保護する必要があります。

◆苗の植え付け

　幅90〜110cm、高さ10cmの畝を鍬かスコップでつくり、40cm間隔で2列、深さ約10cmの穴を掘ります。1つの穴に堆肥400gと、有機肥料（窒素・リン酸・カリ各5％）なら70g、化学肥料（窒素・リン酸・カリ各8％）なら50gを撒き、溝を掘った際に出た土を埋め戻してください→図13①。有機肥料を使う場合は、植え付けの1〜2週間前までにこの作業をすませておきましょう。

　堆肥と肥料を入れたところの間に、40cm間隔で深さ10cmの植えるための穴を開け、苗を鉢の土をつけたまま植えます→図13②。植えたら水を0.2〜0.3ℓかけ、まわりの土を寄せ、苗をしっかり立ててください。また、ブロッコリーは日当たりを好むので、できるだけ日が当たるところで栽培しましょう。

　中手種・晩生種の場合、畝全体にブロッコリーやキャベツが広がるまで、かなり時間がかかります。苗を植えるとき、2列の間にラディッシュやルッコラの種を播いて、混植にしてみてはいかがでしょう。

◆その後の管理

　10月に入ったら、ベタ掛けをはずします。植え付け後1カ月たったら、元肥の半量を追肥してください。また収穫後、1回目の追肥と同量を与えます。

◆収穫

　早生種を9月上旬に植えれば、10月下旬に最初の収穫ができるでしょう。先端のつぼみが花に変わらないうちが適期です。葉を1〜2枚つけて、包丁で切り取ります。引き続き葉の脇芽の先端に小さなつぼみをつけるので、それが育ったら2回目の収穫です。

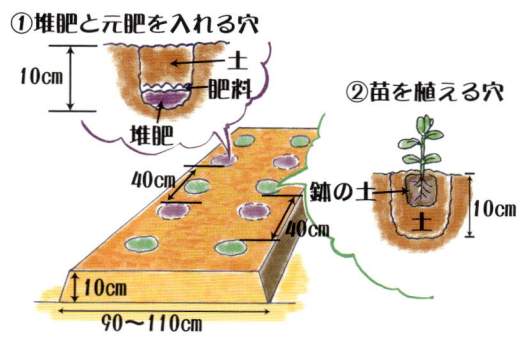

図13　ブロッコリーの定植
①堆肥と元肥を入れる穴
②苗を植える穴

6 ホウレン草
〈アカザ科〉

写真16 冬越しして甘みが強くなったホウレン草

表7 栽培ポイント

つくりやすい	△
害虫に強い	◎
病気に強い	◎
連作に耐える	△
畑向き	◎
プランター向き	◎
軒下向き	◎
日陰に耐える	◎
乾燥に耐える	*△
収穫期間が長い	○
手がかからない	△
酸性土壌を好む	×

◎ そうだ
○ まあそうだ
△ あまりそうでない
× そうでない
＊種を播くとき

酸性土壌に弱いことと、発芽に気をつければ、ホウレン草の栽培は簡単です。種播きから収穫までの期間が約2カ月と短いのも魅力です。

西アジアが原産といわれ、イランでは紀元前から栽培されていたようです。その後各地に広がり、日本では江戸時代から多くつくられています。最近、品種改良が進んだためもあり、家庭菜園でも生食用が栽培できるようになりました。ベビーリーフの収穫も楽しめます。

栽培カレンダー

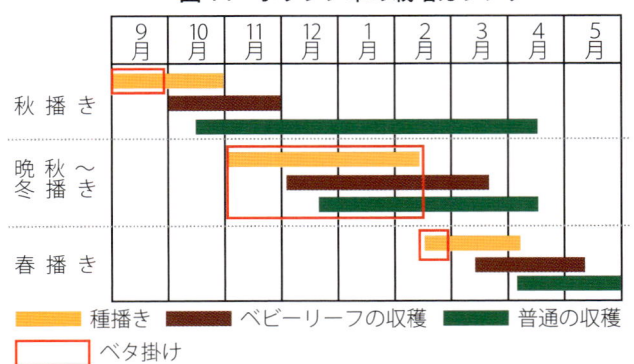

農家は夏も栽培しますが、家庭菜園では9〜5月の栽培が楽です。

アクが嫌われるのか、大きくなると害虫が寄りつきません。しかし、発芽直後はアクが弱いので、ヨトウムシにやられる場合があります。9月上〜中旬に播くときは、

図14 ホウレン草の栽培カレンダー

秋播き／晩秋〜冬播き／春播き

種播き　ベビーリーフの収穫　普通の収穫　ベタ掛け

特性

① エンドウとともに、酸性土壌を嫌う野菜の筆頭。酸性土壌では、発芽しても、よく育たない。
② 種の皮が堅く、水を通しにくいため、発芽率が悪い。種苗会社は発芽率を上げるために、皮に穴を開けたり剥いたアップシード種や、種の堅い殻を取り除いたネーキッド種を販売している。効果はあるが、価格は通常の3倍近い。なお、種の先端を切って発芽率を上げる方法は昔から行われてきた。
③ 水がたまるような場所は好まない。日本と違い、原産地イランの年間降雨量は少ないが、洪水も多い。おそらく、洪水後など、水分が多い状況で発芽し、乾燥した土で生育するのではないだろうか。
④ 寒さに強い一方、暑さには弱い。
⑤ シュウ酸が多く含まれていて、アクの原因となるほか、摂りすぎると体に悪いといわれている。

種類

大きく分けて3つある。最近は①と②を交配した種類も出回っていて、味はそこそこだ。

① 日本ホウレン草
　16世紀に中国から渡来し、各地に広まった。葉の形は三角形で、大きな切れ込みがあり、根元が赤い。種も三角形で、先が尖っている→**図15**。冬に甘さが増すため→**写真16**、鳥の被害にあいがち。おひたしに最適。また、ゆでるとシュウ酸が水に溶けて約半分になるという。欠点は、トウが早く立ち、春播きに適さないこと。

② 西洋ホウレン草
　明治時代になって、西洋種が入ってきた。葉は楕円形で厚く、根元は赤くない。種も楕円形→**図15**。つくるのはやさしく、収量も多い。炒め物に向いている。トウ立ちが遅いので、春播きにも向く。

③ サラダ向きホウレン草
　近年、海外から入ってきた。シュウ酸の量が少なく、生で食べられる。茎が赤い品種もあり、見た目もよい→**写真17**。栽培は日本ホウレン草より楽で、サラダガーデン用にお勧め。おひたしにも合う。

9月いっぱいベタ掛けをしましょう。日本ホウレン草は秋播きが適しています。

寒さに強い野菜ですが、11～2月に種を播くときは、ベタ掛けで保温しましょう。

春に播くときは、春播き用として売られている品種を選んだほうが、トウ立ちが遅くてよいと思います。春播きに向いているのは西洋ホウレン草です。

畑での栽培

◆種播きの準備

発芽のために水につけるとき以外は湿気を好まないので、水がたまる場所では

図15　ホウレン草の種の形

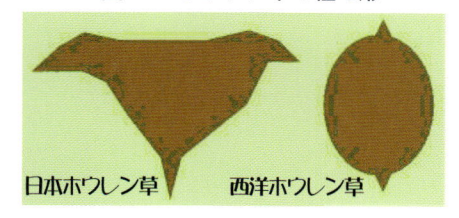

日本ホウレン草　　西洋ホウレン草

畝の高さを10～15cmにしてください。普通は5～10cmでかまいません。

酸性土壌では発芽率が悪く、発芽しても初期の生育が悪いので、必ず土の酸度をチェックして石灰類を投入しましょう。酸度に応じた投入量の計算方式は

写真17　赤い茎のサラダ向きホウレン草

39ページで紹介した説明文書に載っています。一般的には、畝1mあたり苦土石灰250g、有機石灰300gが目安です。

幅90〜110cm、高さ10cmの畝を鍬かスコップでつくり、深さ7〜10cm、幅10cmの溝を20〜25cm間隔で3列掘ります。次に、溝1mあたり堆肥300〜400gと、有機肥料（窒素・リン酸・カリ各5％）なら300g、化学肥料（窒素・リン酸・カリ各8％）なら200gを撒いてください→図16。そして、溝を掘った際に出た土をかけて元に戻し、ホーや細い板で土をよくならします。有機肥料を使う場合は、1〜2週間前までにこの作業を終えてください。

◆種播き

種の発芽率をよくするために、一晩水につけた種を3列に播きます。堆肥と肥料を埋めたところに各列幅10cm、深さ1cm程度の浅い溝（播種床）を20〜25cm間隔で掘ってください。雨が降った後で、土を手で握ってみてよく湿っていると感じるとき以外は、必ず播種床1mあたり2ℓの水をやりましょう。そして、土をよくならします。

その上に2cm間隔に種を播き→図16、土を1cm程度かけてください。播き溝の深さが凸凹だったり、かける土の深さが不均一だったりすると、発芽率が悪くなります。また、播いた後に水を十分与えることも、発芽率を高める効果があります。「十分」とは、水を撒いた土を掘り返したとき、4〜5cmは水を含ん

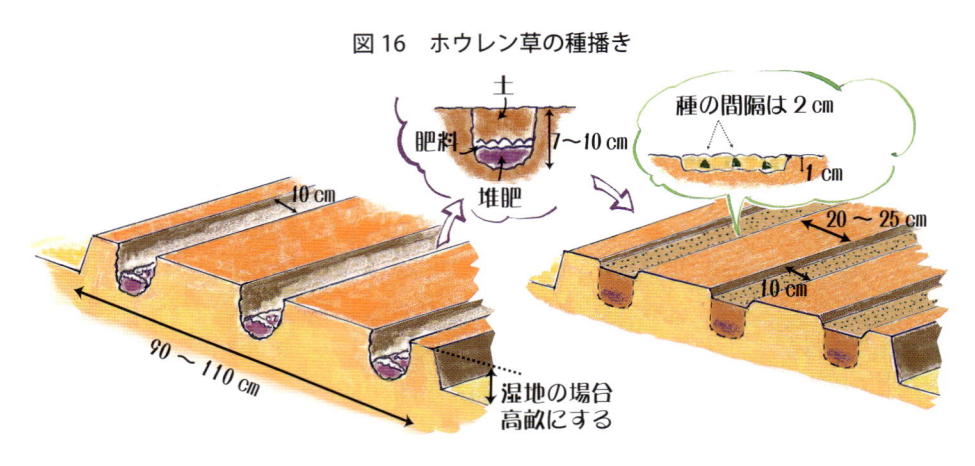

図16　ホウレン草の種播き

で色が変わった状態です。

なお、普通の種は、秋播きで1週間、晩秋～冬播きで1～2週間、春播きで1週間～10日かかって発芽します。一方、加工した種は2～3日で、そろって発芽します。発芽率もそろいもよければ、種を多く播く必要がありません。したがって、間引きをする手間も省けるわけです。

写真18　日本ホウレン草のベビーリーフ

◆その後の管理

レタスと同じです。それほど大きく茂るものではないので、最終的な株間は小松菜と同じく2～5cmに。

種播きから1カ月程度で、ベビーリーフとして収穫が可能です→**写真18**。春播きの場合、本葉が2～3枚以上になった株は、5月ごろになるとトウが立ってきます。生育期間が短いので、追肥は必要ありません。

◆混植

ホウレン草はあまり日当たりを気にしないため、他の野菜の陰になっても成長に影響はありません。混植に向いている野菜なのです。

たとえば小松菜などのアブラナ科の葉物、レタスや春菊などといっしょに播くと、生育期間がほぼ同じなので、ベビーリーフの段階でミックスして使えます。また、ネギ属の野菜とは相性がよいことが知られているので、アサツキやワケギを先に植えておき、その株間にホウレン草を播くこともお勧めです。

◆収穫

ハサミか包丁で、根元を切って収穫しましょう。寝かせずに立てて貯蔵すると、熱がこもらず、日持ちがよくなります。

プランターでの栽培

種播きの準備まではレタスと同じです→**77ページ**。ただし、標準型プランターの場合、苦土石灰を25g、有機石灰なら30g施しましょう。追肥は必要ありません。種播き以降は畑と同じです。

7 フダン草（チャード）
〈アカザ科〉

写真19 茎も葉も赤いチャード

表8　栽培ポイント

つくりやすい	◎
害虫に強い	○
病気に強い	◎
連作に耐える	○
畑向き	◎
プランター向き	◎
軒下向き	◎
日陰に耐える	○
乾燥に耐える	○
収穫期間が長い	◎
手がかからない	○
酸性土壌を好む	△

◎ そうだ
○ まあそうだ
△ あまりそうでない

　レタス・小松菜・ホウレン草などを家庭菜園で育てるのは、秋から春までという地域が多いでしょう。では、夏に向かって育てる葉物は？　私がお勧めしたいのはフダン草（チャード）です。日本には17世紀末に伝わりました。

畑での栽培

　家庭菜園では4月から10月まで種を播くことができます。ヨトウムシの発生が多い5～6月と9～10月中旬は、ベタ掛けで保護してください。

◆種播きの準備

　幅90～110cm、高さ5～10cmの畝を鍬かホーでつくり、深さ7～10cm、

特性

① 高温多湿に強い。
② 寒さにも強く、冬に甘みが増す。
③ ほぼ一年中栽培できる（それで不断草という名がついた）が、5月ごろトウが立つ。
④ 病害虫には比較的強いが、ヨトウムシだけは苦手。ヨトウムシは5～6月と、9～10月中旬に猛威を振るう。ただし、被害にあった茎を切れば、新しい芽が出てきて、1カ月後にまた収穫できる。

種類

① フダン草
　夏にホウレン草や小松菜の代用品として、おもに西日本で栽培されている。種播き後2カ月以内に背丈20cm前後で収穫し、葉と茎をいっしょにしておひたしや炒め物などで食べる。ベビーリーフとして食べる場合は、種播き後1カ月程度（背丈5cm前後）で収穫する。トウヂシャとも呼ばれる。

② チャード
　ヨーロッパで改良され、茎や葉が赤・緑・黄・白と多様→写真19。背丈30cm以上に伸ばして、おもに茎を食べる。塩ゆでし、ゆで汁に牛乳を混ぜ、カレー粉などの調味料を加えたソースを添える。キャベツなどとスープにも入れる。葉はバターソテーにする。リーフビートとも呼ばれ、日本ではミックスチャードという名前で販売されている。

　また、同じ種類に根を食べるビートがあり、ロシアはじめヨーロッパで冬の貯蔵用野菜として普及している。

幅10cmの溝を20～25cm間隔で3列掘ります。次に、溝1mあたり堆肥300～400gと、有機肥料（窒素・リン酸・カリ各5％）なら300g、化学肥料（窒素・リン酸・カリ各8％）なら200gを撒いてください。そして、溝を掘った際に出た土をかけて元に戻し、ホーや細い板で土をよくならします。有機肥料を使う場合は、1～2週間前までにこの作業を終えてください。

◆種播き

市販されている種は実際には実で、中に本当の種が数粒入っています。ホウレン草と同じく、一晩水につけると、発芽率がよくなります。

種を播く前に土を手で握ってみて、よく湿っていると感じるとき以外は、播種床1mあたり2ℓの水をやりましょう。そして、土をホーか鍬でよくならします。種は3列播きです。

堆肥と肥料を埋めたところに、各列幅10cm、深さ1cmの浅い溝（播種床）を20～25cm間隔で3列掘ってください。その上に前後左右3cm間隔で1粒ずつ種を播き、土を1cm程度かけましょう。1つの種から複数の芽が出てくるので、レタスや春菊などより播く間隔を広げます。そして、細い板で播いた部分を抑えて、土を落ち着かせてください。

◆その後の管理

芽が出たら、間引きの開始です。種播きの約1カ月後から、間引いた葉をベビーリーフとして楽しめます。最終的な株間は、(a)背丈20cm前後で収穫する場合は5～10cm、(b)チャードのように30cm以上に伸ばして収穫する場合は15～20cmです。また、10cm以上大きくなったときに茎を根元から5cmぐらい残しておけば、脇芽が伸びてきます。暖かいころなら1カ月後に収穫できるでしょう。

(a)の場合は、追肥は必要ありません。(b)の場合は、背丈が20～30cmになったころに元肥の半分（畝1mあたり有機肥料なら150g、化学肥料なら100g）を与えます。ヨトウムシの被害が出たときや脇芽を伸ばす場合も、同じ量を与えてください。

プランターでの栽培

土・堆肥・肥料はレタスと同じですが、石灰類は使いません。種播き以降は畑にならってください。

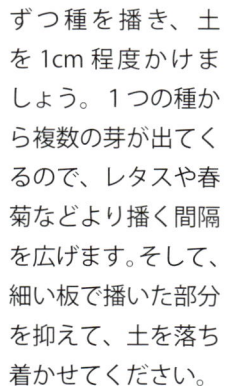

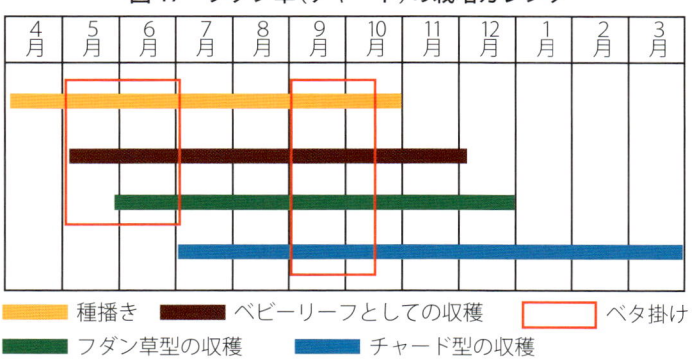

図17　フダン草（チャード）の栽培カレンダー

8 ネギ類
〈ユリ科〉

表9　葉ネギの栽培ポイント

つくりやすい	◎
害虫に強い	◎
病気に強い	◎
連作に耐える	○
畑向き	◎
プランター向き	◎
軒下向き	◎
日陰に耐える	△
乾燥に耐える	○
収穫期間が長い	◎
手がかからない	◎
酸性土壌を好む	△

◎　そうだ
○　まあそうだ
△　あまりそうでない

写真20　コンパニオンプランツとしてキュウリの苗の南側に植えたネギの苗

　ネギには、白い部分が長い根深ネギ（長ネギ、白ネギ）と、白い部分が短い葉ネギがあります。根深ネギは下の部分を白くするための土寄せが必要で、深く耕さなければなりません。収穫までの期間も長いので、家庭菜園では葉ネギがお勧めです。プランターでもつくれます。

　ネギをサラダガーデンのレパートリーに入れた理由は、最近サラダ用に使われ始めたからだけではありません。他の野菜といっしょに植えることによってサラダガーデンの病気や害虫の被害が減るという、コンパニオンプランツとしての働きがあるためです。

　ネギの仲間は葉が直立していて、まわりの植物の上に覆いかぶさらないため、コンパニオンプランツとして利用しやすいのです。私はキュウリの苗を植えるとき、南側に葉ネギの苗を植え、病気や害虫防除に成果をあげています→写真20。表10のように、ほとんどの野菜のコンパニオンプランツとして効果がありますが、豆類とは相性がよくありません。

表10　ネギ類のコンパニオンプランツとしての効果

効　果	野　菜
生育を促進	トマト、ナス、キュウリ、ピーマン、トウガラシ、大根、人参、レタス、セロリ、ユウガオ
生育を阻害	豆類

◆葉ネギ◆

　中国西部が原産で、古くから日本でも栽培されてきました。京都の九条ネギ・埼玉の岩槻ネギなど各地に優秀な在来種があり、種苗メーカーも開発に力を入れています。

畑での栽培

◆苗の植え付けの準備

　苗はガーデンセンターなどでほぼ年中販売されていて、植えて2～3

> **特 性**
> ① 耐暑性・耐寒性ともに強く、各地でつくりやすい。
> ② 水がたまる場所には向かず、日当たりを好む。
> ③ 15〜20cm耕せばよく、大がかりな土寄せ作業も不要。
> ④ 2〜3カ月で収穫できる。
> ⑤ 3月中旬にトウが立ち葉が堅くなるまで、ほぼ年間通して収穫できる。

カ月で収穫できます。購入の際には、根深ネギと間違えないように注意しましょう。

畝1mあたり有機石灰300gか苦土石灰250gを播いてから鍬かスコップで耕し、幅90〜110cm、高さ10〜15cmの畝をつくります。次に、30〜40cm間隔で2列、深さ7〜10cm、幅10cmの溝を掘ってください。

そして、溝1mあたり、堆肥300〜400gと、有機肥料（窒素・リン酸・カリ各5％）なら300g、化学肥料（窒素・リン酸・カリ各8％）なら200gを撒き、溝を掘った際に出た土を元に戻し、よくならします。有機肥料を使う場合は、植え付けの1〜2週間前までにこの作業をすませておきましょう。

◆**植え付け**

堆肥と肥料を入れたところの中間に3列、手や移植ごてで10cm間隔に苗を2本ずつ植え、土をかけてください。注意点は2つです。ひとつは、芽先を埋め込まず、土の上に出すこと。芽が枯れて、葉が出ない場合があるからです。もうひとつは、植えたところを少し高くすること。大雨などで苗が水につかると、根から枯れる場合があるからです。

◆**その後の管理**

白い部分をある程度長くしたければ、植え付けの約1カ月後に土寄せを行います。ネギの根は浅く広がるので、根を傷めないように通路の土を使いましょう。土を鍬やホーで株元へ寄せます。ポイントは図18のように芽先を地表に出すことです。

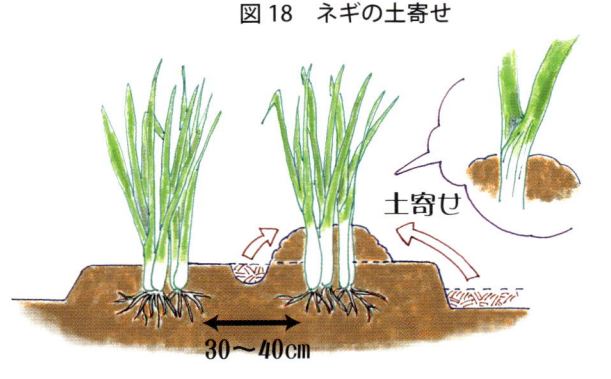

図18 ネギの土寄せ

図19 葉ネギの栽培カレンダー〈標準〉

3月	4月	5月	6月	7月	8月	9月	10月	11月	12月	1月	2月
植え付け											
		収穫									

◆収穫と追肥

　白い部分を利用する場合は、土を掘り下げ、根の上をハサミや包丁で切り取ります。こうすると、残した株の根が傷みません。白い部分がいらない場合は、土の上に出ている緑の部分を切り取ってください。

　最初の収穫のとき、元肥の半量（有機肥料なら150g、化学肥料なら100g）を追肥として与えます。株から少し離して与えると、根の伸びがよくなります。雑草取りを兼ねて浅く土を耕し、肥料を埋め込みましょう。深く耕しすぎて根を傷めないように注意してください。以後2カ月に1度ずつ追肥し、最後は列の中間に与えます。

プランターでの栽培

　1列植えとします。土や堆肥、元肥はレタスと同様、株間や収穫の仕方、追肥の与え方は、畑の場合と同じです。

◆ワケギとアサツキ◆

　葉ネギは3月中旬には収穫できなくなります。この時期をカバーするのは、ワケギとアサツキです。どちらも葉ネギの代用品として利用でき、とくにぬたによく合います。ワケギは葉、アサツキは球根を中心に食べるものです。

　ワケギは西日本で昔から生産されてきました。寒さにはあまり強くないので、北日本ではほとんど栽培されていません。日本原産のアサツキは寒さに強く、東日本で多く栽培されています。6月ごろにピンクのきれいな花が咲きます→写真21。

写真21　アサツキの花

畑での栽培

◆球根の植え付け

　購入した球根は、大きさがかなりばらついていると思います。枯れた皮を剥き、大きなものは2～3つに分け、7月下旬～8月に畑に植え付けましょう。畝のつくり方、堆肥や元肥の施し方、植え付け方は、葉ネギと同じです。

　ただし、株間は15cm間隔とし、2～3球ずつ球根の頭が地面の上に少し出るようにして植え付けてください。ほとんどの秋播き葉物類と相性

図20　ワケギ・アサツキの栽培カレンダー

7月	8月	9月	10月	11月	12月	1月	2月	3月	4月

■ 植え付け　■ 収穫（……の時期は収穫できない）

表11　ワケギの栽培ポイント

つくりやすい	◎
害虫に強い	◎
病気に強い	◎
連作に耐える	○
畑向き	◎
プランター向き	◎
軒下向き	◎
日陰に耐える	△
乾燥に耐える	○
収穫期間が長い	○
手がかからない	○〜◎
酸性土壌を好む	△

◎　そうだ
○　まあそうだ
△　あまりそうでない

写真22　ワケギの11月ごろの姿

がよく、混植できます。

◆その後の管理

　秋の終わりには最初の収穫ができるでしょう→写真22。収穫は葉ネギに準じてください。地面の上の株をハサミや包丁で切り取るか、1株おきに掘り取るかのどちらかの方法です。

　ワケギは、冬の間は地上の葉が枯れます。関東地方以西では必要はありませんが、寒い地方ではベタ掛けして霜よけをしたほうがよいでしょう。

　2月初めに元肥の半量の追肥（畝1mあたり有機肥料なら150g、化学肥料なら100g）をします。4月末から5月にかけてふたたび葉が枯れますから、球根を掘り上げて、乾燥した場所で保管してください。農家では軒下に吊り下げています。これを次の植え付けに使うわけです。

プランターでの栽培

　畑と同じく15cm間隔で2〜3球ずつ植え付けます。土や堆肥・肥料などは葉ネギと同じ、植え付け以降の管理は畑の場合と同じです。

　プランター栽培ならではの楽しみ方をひとつ紹介しましょう。冬に葉が枯れているときなら、いつでもかまいません。アサツキを植えたプランターに十分に水をやり、黒いビニールのごみ袋に入れて、暖かい室内に置くのです。芽が5cm以上出てきたら、球根をつけて収穫してください。薬味に使ったり、酢味噌和えで美味しく食べられます。

9 大根
〈アブラナ科〉

写真23 地上に上部が出る青首大根

表12 栽培ポイント

つくりやすい	○～◎
害虫に強い	×
病気に強い	＊○
連作に耐える	○
畑向き	◎
プランター向き	△
軒下向き	◎
日陰に耐える	×
乾燥に耐える	○
収穫期間が長い	○～◎
手がかからない	○
酸性土壌を好む	○

◎　そうだ
○　まあそうだ
△　あまりそうでない
×　そうでない
＊初秋播きは◎

大根は多くの人が家庭菜園でつくりたがる野菜です。日本では、古事記や日本書紀に載っているほど古くから栽培されてきました。つくりにくい野菜ではありませんが、つくりやすさは季節によって異なります。9月に種を播き、害虫が少ない11・12月が収穫時期である初秋播きが、もっとも楽です。

また、この時期の栽培にはいろいろな楽しみがあります。まず、大根サラダや一夜漬けに向く、甘くて柔らかい品種が多くあることです。次に、畑に長く置いておくの

図21　二股に分かれた大根

特性
①気温の変化には比較的強いが、小さい苗のときに気温が低いと発育不良になる。
②日当たりを好む。日陰でつくると、葉ばかり伸びてしまう。根は発芽直後から地面に垂直に深く伸びていくので、少し大きくなれば乾燥に強い。
③根の尖端部分が未熟な有機物、石や枝切れ、土の固まりなどに触れると、二股に分かれてしまう（人参も同様）→図21。したがって、土を深くまでよく耕すとともに、堆肥や肥料の与え方にも配慮する→25ページ。
④連作には強いが、用心のために1年は畑をあけたほうがいい。
⑤大根、人参、カブなど根菜類は、冬になると凍らないようにするため、実の水分を減らす。その結果、糖分はじめうまみ成分が増え、煮物や炒め物の味がよくなる。ただし、堅くなるので、サラダや塩もみなど生で食べるには適さない品種が多い。

で、1月から3月まで食べたいときに収穫できることです。

中～晩秋播きと初春播きは、そういうわけにはいきません。中～晩秋播きは、間違って初秋播きの品種を使うとすぐにトウが立つ場合があります。初春播きは収穫時期に害虫の被害にあいやすく、畑に置いておけば害虫を増やしてしまいます。

なお、大根栽培の楽しみは、大きくなった大根の収穫だけではありません。早ければ種播き後3日目から、間引いてカイワレ大根として収穫できるのです。2週間ぐらいたてば、ベビーリーフ（間引き菜）としてサラダに使えます。

栽培カレンダー

初秋播き品種と春播き品種では性質が違うので、たとえば春播き品種を初秋に播くわけにはいきません。種袋の裏にある栽培時期をよくチェックしてから、買ってください。

①初秋播き

生食用、煮物用、漬物用、おろし用などすべてが上手につくれるのは、涼しくなる秋から冬にかけて生育する初秋播きです。関東地方では多くの農家が8月末に播き、11月から収穫しています。ただし、9月中は害虫がかなり発生します。無農薬で栽培するためには、青首系の早生種（種袋の裏に書いてある種播き時期を確認する）を選び、9月中はベタ掛けしてください。また、ほとんどの品種が3月まで畑に置いておけます。

種 類

①日本の伝統品種

品種が多く、形もバラエティに富む。15～20kgになる桜島大根や1m以上になる守口大根から、10cm程度の辛味大根まである。長い大根を栽培する場合は、土を根の長さに応じて深く耕さなければならない。練馬大根や三浦大根などの白首大根も含めて、煮物、漬物、大根おろしなどに向く。サラダ用や生食用の品種は、ほとんど見あたらない。1年中、品種の選び方しだいでは栽培できる。

②青首大根

中京地区の宮重(みやしげ)大根に、上部が緑色で、地上に長く出て、耕土が浅い地域でも栽培できる早生品種があった。これは柔らかく、甘く、生食需要に対応できるため、高い人気を得ていく。初秋播き専用だったが、交配の結果、年間通して青首大根が並ぶようになった。20cm耕せばよいので家庭菜園向き。ただし、栽培適期が細分化しているので、品種をよく選ばなければならない。

③中国系大根

最近、中国系の赤くて丸形の大根や青大根が並ぶようになった。柔らかく、サラダ用にお勧め。私は春京赤長水をつくっている→写真24。12～13cmと短く、プランターでも栽培できる。種播きから収穫までが1カ月強と短期間なのも魅力。秋播きも初春播きもOK。

写真24　中国系大根の春京赤長水

②中〜晩秋播き

1〜2月にベタ掛けをすると、生育がよくなります。生食用に適した品種が少ないのが残念です。

③初春播き

生食用に適した品種は中〜晩秋播きより多くあります。ただし、ゴールデンウィーク前後から、葉に害虫が目立ち始めます。発生時期は気候によるので、一定ではありません。

畑での栽培

◆種播きの準備

土をていねいに耕すことが二股大根をつくらない重要なポイントです。石を取り出し、大きな土の固まりは鍬や草かき（ホー）で、できるだけていねいにほぐします。耕す深さは地下の根の長さにより異なりますが、青首大根の場合おおむね20cm 耕せばよいでしょう。

幅 90〜110cm、高さ 5〜10cm の畝に 2 列植えする場合、まず真ん中に深さと幅 10cm の溝を掘り、畝 1m あたり堆肥 500g と、有機肥料（窒素・リン酸・カリ各 5％）なら 120g、化学肥料（窒素・リン酸・カリ各 8％）なら 90g を入れて、掘った土を埋め戻します。有機肥料は効き目が現れるまで時間がかかるので、種を播く 1〜2 週間前にこの作業を終えておきましょう。

◆種播き

堆肥と肥料を埋めた溝の両側に約 60cm の間隔で 2 列、まわりの地面より 2〜3cm 高くして、10〜15cm の幅で鍬や草かきを使って播種床をつくります。播種床の土を細い板を使って押さえて落ち着かせた後、20〜25cm 間隔で播種床にペットボトルの底などで 2cm 程度のくぼみをつくってください。

そこに種を 3〜4 粒ずつ播いて、土を 1cm 程度かけます。その後、播いた部分の土が少しへこむくらいまで、たっぷり水をじょうろでやりましょう→図23。

ただし、辛味大根や春京赤長水は、ラディッシュの栽培方法にならってください→ 100〜101 ページ。最終株間は辛味大根が 10cm、春京赤長水が 4〜5cm です。

なお、カイワレ大根や間引き菜をたくさん収穫したい場合は、播種床に 1〜2cm の間隔で種をバラ播きします。鍬や草かきでくぼみを 1cm ほどつけて播きましょう。以後は同じです。

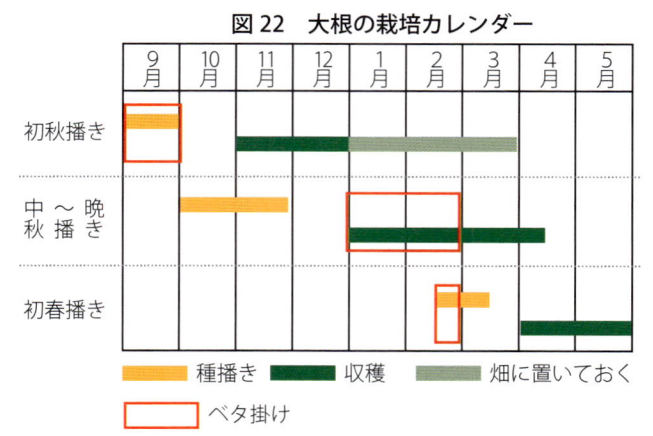

図22　大根の栽培カレンダー

図23 大根の種播き準備と種播き

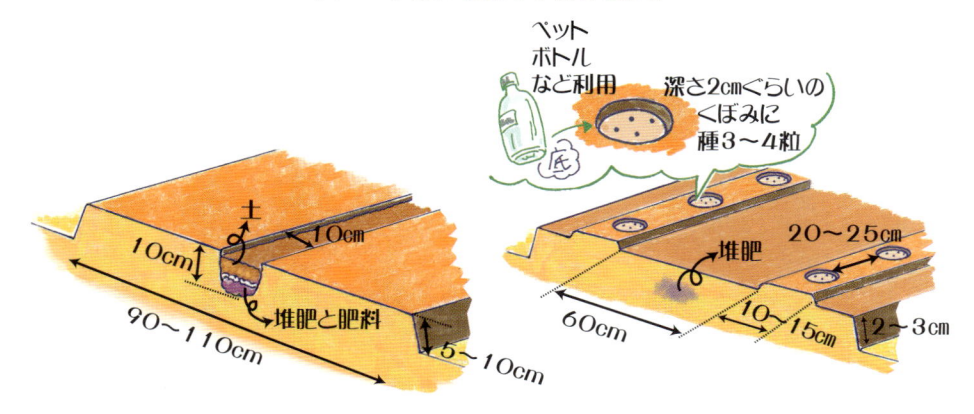

（図中ラベル）
ペットボトルなど利用
深さ2cmぐらいのくぼみに種3〜4粒
土
10cm
10cm
90〜110cm
堆肥と肥料
5〜10cm
堆肥
60cm
10〜15cm
20〜25cm
2〜3cm

◆その後の管理

　発芽後、カイワレ大根や間引き菜の収穫を兼ねて、徐々に間引きしていきます。目安は「葉と葉が触れ合わないように」です。最終的には本葉4〜5枚のとき（このころから根が太り始める）までに、1本にしぼります。なお、間引く（引き抜く）とき、残すものの根が浮かないように注意しましょう。

　種播きの1カ月後に、元肥の半量（有機肥料なら60g、化学肥料なら45g）を追肥します。

　なお、ネギのそばに大根を植えると、ネギの根から出る物質が大根のひげ根を刺激して伸ばしすぎるから生育によくないといわれています。でも、私が40cm離して両者を植えてみたところ、生育に問題はありませんでした。

◆収穫

　サラダ用や生食用の場合は、早めに地上に出た直径5cm程度のものから収穫を始めましょう。そのほうが柔らかくて、食べやすい大根が長く収穫できるからです。種播きから最初の収穫までの目安は、初秋播きで2カ月強、中〜晩秋播きで3カ月でしょう。

写真25　葉と葉が触れ合わないように間引く

10 ラディッシュ
（廿日大根）
〈アブラナ科〉

写真26　ラディッシュ（ミックス種）。そろそろ収穫のころ

◎　そうだ
○　まあそうだ
△　あまりそうでない
×　そうでない

表13　栽培ポイント

つくりやすい	◎
害虫に強い	×
病気に強い	◎
連作に耐える	○
畑向き	◎
プランター向き	◎
軒下向き	◎
日陰に耐える	×
乾燥に耐える	○
収穫期間が長い	△
手がかからない	○
酸性土壌を好む	○

　ラディッシュはヨーロッパ大根のなかで唯一、日本で栽培されています。種を播いてから1カ月弱で収穫できるので、廿日大根と呼ばれてきました。
　生食向きで、一夜漬けにも適します。色は赤、白、上が赤で下が白、紫と多彩で、形は丸型、長型、長くて下ぶくれ型。白くて長いタイプは、浅漬け用としてもお勧めです。これらの品種をミックスした種も販売されています。病気には強く、9～4月の栽培ならば害虫もあまりつきません。サラダガーデンのお勧めアイテムです。
　畑でもプランターでも栽培できますが、プランターがお手軽。深さ10cm程度のプランターでも大丈夫です。ここでは、標準型で説明します。

プランターでの栽培

◆種播きの準備
　土と堆肥の入れ方は次の2点を除いてベビーリーフと同じです→68ページ。
　①元肥は、有機肥料（窒素・リン酸・カリ各5％）なら30g、化学肥料（窒素・リン酸・カリ各8％）なら20gとする。
　②アブラナ科の野菜をつくった土は使わない。

◆種播き
　初秋播き、晩秋～冬播き、初春播きがあります。一番つくりやすいのは初秋播きです（味の差はない）。大根と違って畑に長く置くと、実が割れてしまいます。収穫を長く楽しみたい場合は15日おきに種を播いたほうがよいでしょう。
　まず、プランターの水抜

図24　ラディッシュの栽培カレンダー

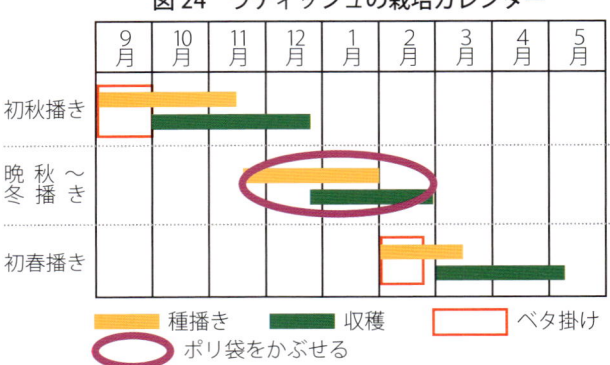

種播き　収穫　ベタ掛け　ポリ袋をかぶせる

き穴からかなり水が流れ出す程度に、水をやります。次に、プランターの長い辺に平行に10cm間隔で2列、深さ1cmの溝を板などでつくり、1〜2cmあけて種を播いてください。その上に1cm土をかけ、軽くじょうろで水をかけます。初秋播きの場合、9月中はベタ掛けをして害虫を防ぎましょう。

◆その後の管理と収穫

双葉の中から本葉が1枚出るころから、根が太り始めます。この段階までに株と株の間を2cm以上あけてください。晩秋〜冬播きは、南向きの軒下などに置きましょう。その場合は雨がかからないので、水を週1回ぐらいやってください。目安はプランターや鉢の底から水が流れ出す程度です。

そして、生育をよくするために、プランターごとポリ袋をかぶせましょう。ただし、完全に密閉すると、冬とはいえ日中の温度が上がりすぎて、かえって生育によくありません。プランターとポリ袋の間にたるみをもたせ、さらにハサミで2〜3カ所に直径2〜3cmの穴を開けてください→107ページ図28。これで適切な生育条件が準備できます。2月末にはポリ袋をはずしてください。

重要なポイントは水やりです。大根と違って根が浅いため乾燥に弱いので、土が乾いていないか常にチェックして、水をやりましょう。ただし、極端に乾いた後に水をやると尻が割れる場合があります。

長く置きすぎると品質が劣化します。野菜売り場で売っているものより少し小さめから、収穫を始めてください。

畑での栽培

畑での栽培も、むずかしくはありません。レタスやルッコラなどのベビーリーフとは、栽培期間がほぼ同じ1カ月なので、いっしょに栽培するのもいいでしょう。また、ブロッコリーなど大きく育つ野菜のそばに同時期に植えて、先に収穫する方法もあります。畝づくりはレタスと同じです。ただし、レタスより乾燥に弱いので畝の高さは5〜10cmにします。

◆播種床づくり

幅90〜110cm、高さ5〜10cmの畝に、深さ12〜20cm、幅10cmの溝を両端と真ん中に3列掘ります。次に溝1本あたり堆肥を300〜400g（約5cm）敷き詰めます。その上に溝1mあたり、有機肥料なら300g、化学肥料なら200gを撒いてください。そして、溝を掘った際に出た土を堆肥の上にかけて元に戻します。有機肥料を使う場合は、1〜2週間前にこの作業をやってください。

◆種播きとその後の管理

各播種床に種を4〜5列、2cm間隔で播きます。播いた後、1cm程度の土をかけましょう。そして、細い板で播いた部分を抑えて、土を落ち着かせてください。普通の大根と比べると根が浅いので、乾燥に強くありません。乾きすぎると思った場合は、水をやりましょう。目安は1mあたり2ℓです。

11 カブ
〈アブラナ科〉

表14 栽培ポイント

つくりやすい	◎
害虫に強い	×
病気に強い	◎
連作に耐える	○
畑向き	◎
プランター向き	◎
軒下向き	◎
日陰に耐える	×
乾燥に耐える	△
収穫期間が長い	△
手がかからない	○
酸性土壌を好む	○

◎ そうだ
○ まあそうだ
△ あまりそうでない
× そうでない

写真27 サラダ向きの中カブ（小さめのころ）

　「サラダガーデン向きの根菜類をひとつ選んで」と言われたら、私は小カブをお勧めします。根の部分ばかりではなく、葉もとても美味しいからです。まず小さい葉をベビーリーフとしてサラダに使い、大きくなった葉はおひたしや炒め物に、根の部分はサラダや一夜漬けに使います。根が短いので、プランターでの栽培にも適しています。
　原産地はアフガニスタンという説が有力です。ヨーロッパでは、古代ギリシア・ローマ時代にすでに栽培されていました。
　日本でも昔から栽培されてきた結果、各地に漬物用・貯蔵用として在来品種があります。

特性

①日当たりを好む。日当たりが悪いところで栽培すると、葉ばかりが伸び、食べる根の部分が貧弱になる。
②丸い部分はほとんど地上に露出するので、大根ほど土をていねいに耕す必要はない。
③根が浅いので、乾燥に弱い。そのため、小さいころは株ごと枯れたり、大きくなってからは堅くなる、皮が割れるなどの被害が出る。
④畑に長く置くと、堅くなったり実が割れたりする。とくに、小カブにその傾向が強い。
⑤12～13℃以下に20～30日さらされると、花芽が発生する可能性が高い。12月～2月はベタ掛けして寒さに当てないこと。

種類

① 大カブ（直径13cm以上）
　京野菜の聖護院カブ（京都府）や弘岡カブ（高知県）。漬物や煮物に用いられる。種播きから収穫まで80～100日。種播きは8月中～下旬。

② 中カブ（直径9～12cm）→写真27
　天王寺カブ（大阪府）、温海カブ（山形県）、日野菜カブ（滋賀県）。漬物に向く。種播きから収穫まで60～80日。種播きは8月中旬～9月。

③ 小カブ（直径8cm以下）
　金町カブ（東京都）。種播きから収穫まで40～60日。
　生育期間が短いので春播きもできる。欠点は、畑やプランターに長く置くと、皮が割れたりスが入ること。
　かつては漬物用と煮物用が主要用途だったが、食生活の変化に対応して浅漬け用や生食用の需要が増え、金町小カブに人気が集中。品種改良で年間供給も可能になった。
　家庭菜園での最大のお勧めは、栽培期間の短さ、生食向き、春播きやプランター栽培が可能という理由で、小カブ（すべて金町系）。品種は多いが、種袋の裏に書かれた栽培適期さえ間違えなければ、どれでもOK。また、軟らかい中カブを栽培し、小カブの大きさから間引き収穫するのもいい。カタログや種袋の裏をよく見て、生食用やサラダ用と書いてあるものを選ぼう。通信販売の利用が便利だ。

栽培カレンダー

　秋播きは虫よけのため9月中はベタ掛けします。生育初期の乾燥に弱いので、周囲の湿気を保つ意味もあります。

　晩秋播きの場合、12月から3カ月間保温のためベタ掛けをすることになります。カブは日当たりを好むので、後で述べるように株間を広くとって、なるべく日が当たるように心がけましょう。品種は「晩秋播きに向いている」と書かれた小カブを選んでください。

　また、春播きする場合、2月中はベタ

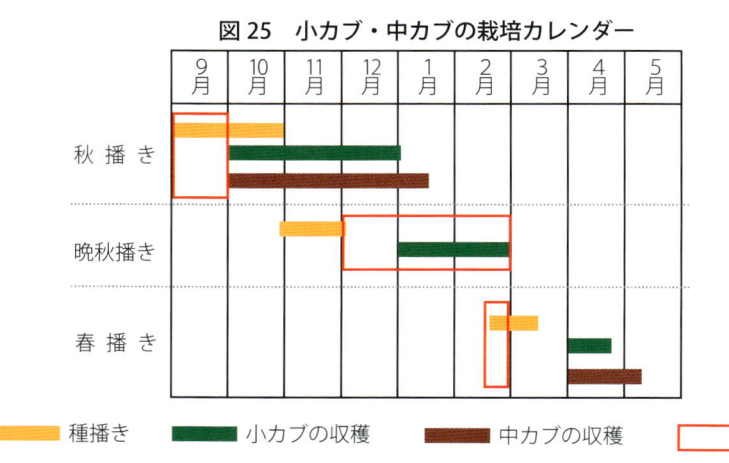

図25　小カブ・中カブの栽培カレンダー

図26 カブの畝づくりと種播き

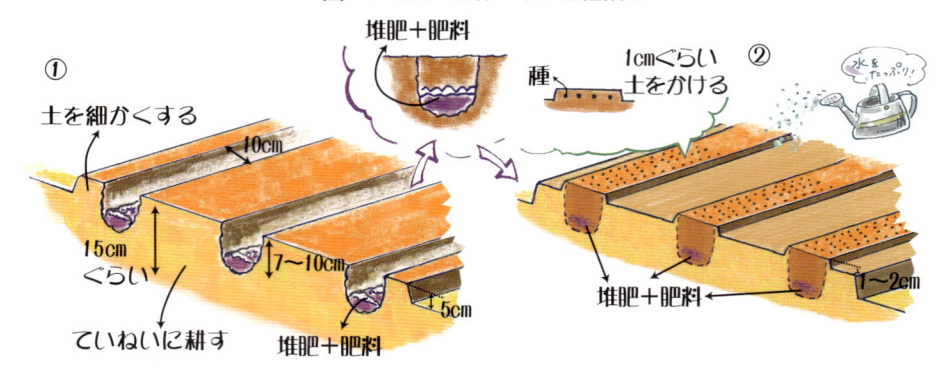

掛けします。

畑での栽培

◆ 畝づくり

　まず、鍬かスコップで土をていねいに耕してください。大根や人参ほど根が深く伸びないので、土を細かくすることにあまり神経を使う必要はありません。中カブや小カブの場合、約15cm耕せば十分です。ただし、種を播いた後で土をかけるので、地上から5cmはホーか鍬で土を細かくしましょう。乾燥を好まないので、畝の高さは5cm程度までにします。

　幅90〜110cmの畝に、深さ7〜10cm、幅10cmの溝を両端と真ん中に3列ホーか鍬で掘ります→図26①。次に、各列1mあたり堆肥などの有機物を元肥として300〜400g（約5cm）敷き詰めます。その上に溝1mあたり、有機肥料（窒素・リン酸・カリ各5％）なら300g、化学肥料（窒素・リン酸・カリ各8％）なら200gを撒いてください。

　そして、溝を掘った際に出た土を堆肥の上にかけて元に戻します。有機肥料を使う場合は、1〜2週間前にこの作業をやってください。この後、ホーや鍬を使って土を細かくしたほうがいいでしょう。種が大根より小さいからです。

◆ 播種床づくり

　3列播きとします。堆肥と元肥を入れた3列の溝の上に、幅約10cm、深さ1〜2cmの浅い溝を掘り、播種床とします→図26②。

　土が乾いているときは、播き床に水を十分に与えてください。「十分」とは、水を撒いた土を掘り返したとき、4〜5cmは水を含んで色が変わっている状態です。また、発芽時の乾燥を防ぐためと、種を播く深さを均一にして発芽をそろえるために、細い板を使って播種床の土をていねいに押さえて、土を落ち着かせましょう。

◆ 種播き

　各播種床に種を3〜4列、1cm間隔

で播き、ホーや鍬で1cm程度土をかけます。このときも細い板で土を押さえ、じょうろで表面に水滴がたまるぐらい水をかけ、土を落ち着かせてください。害虫や寒さを気にしなくてよい晩秋播きのときも、湿気を保つためにベタ掛けをするのもよいでしょう。秋播きなら3～4日、晩秋播きでも1週間～10日で発芽します。芽が出そろったら、12～2月以外はベタ掛けをはずします。

◆ その後の管理

重要なのは2つ、土が乾きすぎないように注意して水をやることと、間引きです。

カブは本葉が4～5枚出るまでは、土が乾きすぎると枯れたり、根が太くなりません。乾きすぎているかどうかを知る最良の方法は、土を手で握ってみること。湿り気が感じられなければ、乾きすぎです。また、粘土質の土の場合は乾きすぎると硬くなり、簡単に指で掘れなかったり、表面にひび割れが見えるようになります。こうした場合は十分な水やりが必要です。

双葉が完全に開いたら、間引きを開始します→**写真28**。ポイントは葉と葉が重なり合わないこと。間引いた双葉は、サラダに混ぜて食べましょう。本葉が2枚出たら、ベビーリーフとしてサラダやおひたしに利用できます。

本葉が4～5枚出てくるまでに、株間を2cmあけてください。これを怠ると**写真29**のように、根の部分が正常な球形になりません。この段階で間隔を広げ

写真28　間引き開始のころのカブ

写真29　根が細くなってしまった金町系小カブ

ておけば、その後は間引きを多少さぼっても、正常な形に成長します。最終的な株間は、小カブで7～10cm、中カブで12～20cmです→**図27**。

追肥は必要ありません。

◆収穫

最近の改良種の小カブは、均一な形や大きさのものが一斉に収穫期を迎えるよ

図27　カブの間引きのポイント

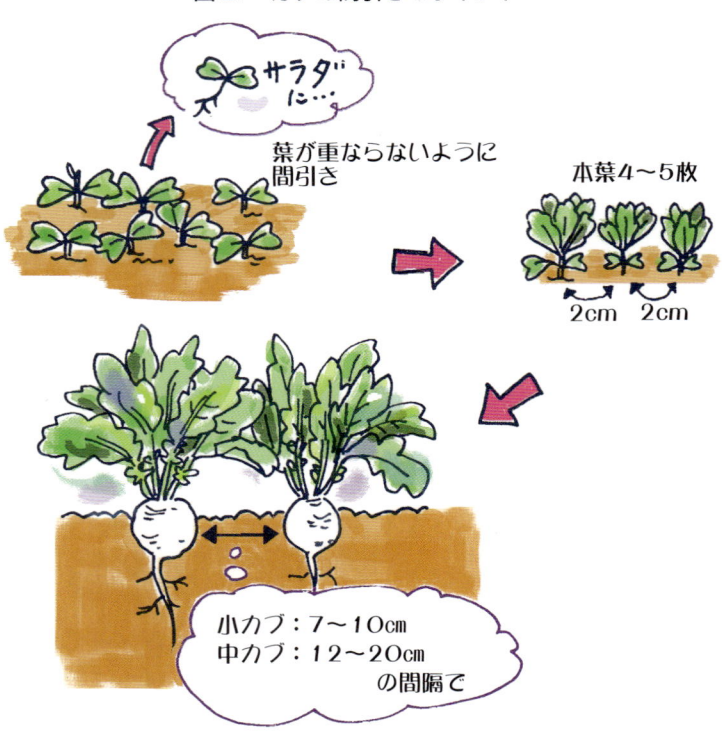

サラダに…

葉が重ならないように間引き

本葉4〜5枚

2cm　2cm

小カブ：7〜10cm
中カブ：12〜20cm
の間隔で

うに改良されているので、家庭菜園では直径3cmぐらいから収穫しましょう。

また、農家の多くは、手間を省くために最初から広い間隔で種を播きます。でも、家庭菜園の場合は少しずつ間引きして、ベビーリーフとして楽しみましょう。これは一般の野菜売り場では手に入れられません。カブの葉は柔らかいので、やや大きくなっても生食できます。

◆**害虫の発生と対策**

私の畑で9月に猛威をふるったのはヨトウムシで、キスジノミハムシにもけっこう悩まされました。5月上旬からは、またヨトウムシ。この被害は秋より壊滅的になります。一度だけですが、ゴールデンウイーク明けにカブラハバチに襲われ、まったく葉が食べられなくなりました。この幼虫は色が黒いので、すぐわかります。

無農薬の場合の対策はベタ掛けしかありません。虫が侵入しないように、きっちり掛けましょう。また、キスジノミハムシは大根のようなアブラナ科の野菜をつくると、幼虫が地中で越冬する場合があります。アブラナ科の連作は避けてください。

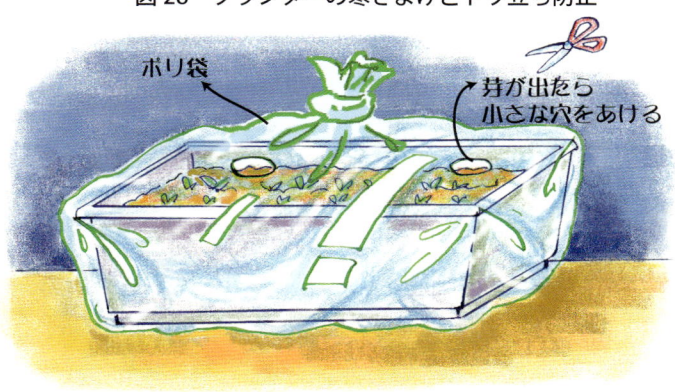

図28　プランターの寒さよけとトウ立ち防止

ポリ袋

芽が出たら小さな穴をあける

プランターでの栽培

小カブはプランター栽培に適した野菜です。とくに寒いときは、プランターごと日当たりのよい南向きの軒下などに移動できるので、畑よりも栽培が楽でしょう。深さは10cm程度でもかまいません。ここでは標準型プランターで説明します。

◆ **種播きの準備**

プランターの底に、小粒の赤玉土7割と堆肥3割を混ぜて、8～10cm入れます。有機肥料なら30g、化学肥料なら20gをそこへ撒いてください。その上に小粒の赤玉土を5cm敷き詰めます。

◆ **種播き**

種播きの前に、プランターの水抜き穴からかなり水が流れ出す程度に、水をやります。そして、プランターの長い辺に2列、深さ1～2cmの浅い播き床をつくり、2cm間隔で種を播いて、土を1cm程度かけてください。

◆ **その後の管理**

プランター栽培のポイントは、土の乾きすぎ対策です。こまめに水をやってください。種播き後にベタ掛けするのも、乾きすぎを抑えるのに効果的です。ただし、芽が出そろった段階で取り除いてください。間引きの方法は、畑の栽培と同じです。

また、2月上～中旬に種を播くときは、ラディッシュと同じく、図28のようにできるだけ透明なポリ袋でプランターをすっぽり包み込み、上をしばっておくと、寒よけと大きくなる前のトウ立ちの防止に役立ちます。発芽したら、少し温度を下げるために、ハサミで直径2～3cmの穴を2～3カ所に開け、1週間ぐらいたったら結び目をほどいてください。

ポリ袋は、遅くとも3月なかばまでにははずします。なお、追肥は必要ありません。

12 人参〈セリ科〉

表15 栽培ポイント

つくりやすい	○
害虫に強い	△
病気に強い	○
連作に耐える	△
畑向き	◎
プランター向き*	*◎
軒下向き	◎
日陰に耐える	×
乾燥に耐える	○
収穫期間が長い	○〜◎
手がかからない	○
酸性土壌を好む	△

◎ そうだ
○ まあそうだ
△ あまりそうでない
× そうでない
＊三寸人参、ミニキャロットの場合

写真30 サラダ用にもっとも美味しいころの人参。葉の大きさもおひたしなどに絶好

野菜売り場に1年中並ぶ人参をサラダガーデンにお勧めする理由は3つあります。
①根も葉もベビーリーフとしてサラダにできる。葉の香りを楽しもう。
②少し若く、細く、柔らかい人参が生でサラダに使える。このサイズは、売り場には並ばない(京都では売られている)。
③②の葉をおひたしや炒め物に使える。

種を播く前後さえ気をつければ、以後の栽培は簡単。収穫期間が長いのも魅力です。また、トマト、レタス、ネギなどと混植してみては、どうでしょうか。原産地はアフガニスタンの山麓地帯で、日本には17世紀に中国を通じて入ってきました。

特性

①原産地の特性を考えても、暖かくて湿度が高いときに発芽し、乾き気味の涼しくなったころに成長する。発芽のとき以外は乾き気味を好む。
②暑さにやや弱いが、苗の段階で、ベタ掛けしたり他の野菜の陰に播いたりして日よけをすれば、問題はない。
③カロチン(金時人参はリコピン)は秋に増え、甘みは冬に増すという。
④アブラムシと黄アゲハの幼虫の被害にあう場合がある。
⑤病気や根につくセンチュウの被害が増えるので、連作は避けよう。最低1年は畑をあけたほうがいい。

畑での栽培

夏播きと春播きがあります。ここでは、人参の特性にもっとも合っていて、黄ア

人参

種類

五寸人参や三寸人参など西洋系と、金時人参や島人参など東洋系に分かれる。いま売り場に並ぶのは、ほとんどが西洋系だ。

① 五寸人参
もっとも多く栽培されている。オレンジ～赤。根の長さ15～20cm。種播きから収穫（完熟品）まで110日だが、最近の改良種には早生のものがある。カロチンが多いものや甘みが強いものも開発されている。

② 三寸人参
黄～オレンジ。根の長さ約10cm。種播きから収穫まで80～90日。

③ ミニキャロット
オレンジ。根の長さ10cm以内。種播きから収穫まで70日。甘く、人参特有の匂いが少ない。

家庭菜園では、プランターでも栽培でき、収穫までの期間が短いミニキャロットを第一に、三寸人参を第二に、お勧めする。

ゲハの被害を受けにくく、味がよく、収穫期間が長い夏播きにしぼりました。

◆畝づくり

畝1mあたり苦土石灰なら150g、有機石灰なら200gを撒いてから、スコップか鍬で10～15cm掘り、ホーか鍬で土をていねいに耕します。石は取り出し、大きな土の固まりはほぐしましょう。そして、幅90～110cm、高さ10cmの畝をつくります。

次に、深さ10～15cm、幅10cmの溝を30cm間隔で3列掘り、各列1mあたり堆肥400gと、有機肥料（窒素・リン酸・カリ各5％）なら80g、化学肥料（窒素・リン酸・カリ各8％）なら60gを撒いてください。その上に、溝を掘った際に出た土をかけて元に戻し、畝全体を細い板やホーでよくならします。有機肥料を使う場合は、この作業を1～2週間前までに終えてください。

◆播種床づくり

株があまり広がらないので、4列播きにします。発芽率が悪い野菜なので、播種床はていねいにつくらなければなりません。堆肥と元肥を埋めた溝を挟んで、幅8～10cm、深さ1cmの浅い溝を4列掘り、細い板で土をよく押さえます→図30。雨が降って土が十分に湿っているとき以外は、土を押さえる前に、この溝に水を1mあたり2ℓかけましょう。「十分」とは、水を撒いた土を掘り返したとき、4～5cmは水を含んで色が変わった状態です。

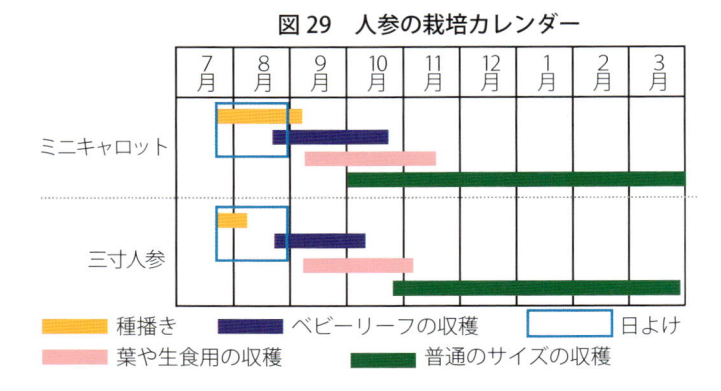

◆種播き

1つの溝に種を3～4列、1～2cm間隔で播きます。そ

図29 人参の栽培カレンダー

	7月	8月	9月	10月	11月	12月	1月	2月	3月
ミニキャロット		■	■						
三寸人参		■	■						

凡例：種播き／ベビーリーフの収穫／日よけ／葉や生食用の収穫／普通のサイズの収穫

図30　人参の種播き

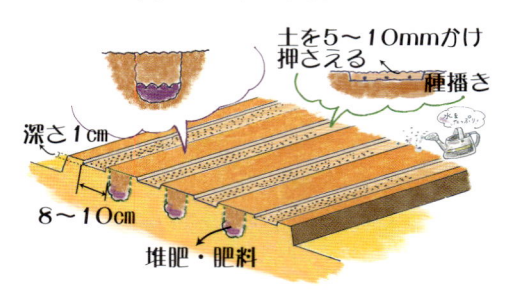

写真31　人参が小さいときは雑草が多く出る

の上に5～10mm土をかけて細い板で押さえ、表面に水がにじみ出すぐらいまで、じょうろで水をかけます→図30。人参の種は乾くと発芽しないからです。

　昔から、梅雨の後半に、雨が降りそうな前日をねらって種を播くといいといわれてきました。発芽まで、播種床に5cmに刻んだワラを敷いたりベタ掛けで覆ったりすると、保湿効果があります。

◆その後の管理

　発芽まで約1週間かかります。その間、土が乾いて表面の色が変わっていたら、種播き後と同じように水をやりましょう。芽が出たら、わらはすぐ取りはずします。ベタ掛けは8月いっぱい続けてください。

　本葉が3枚出るまでは、写真31のように雑草の成長のほうが旺盛です。こまめに草取りをしましょう。

◆間引きと土寄せ

　種播き後1カ月は、できるだけ畑を見回ってください。

　芽が出てから約1カ月して本葉が4～5枚になると、根が太り始めます。このときまでに間引きして、株と株の間を3cmにしましょう。この段階で間引いた人参は、根も葉も生食に向いています。日当たりを好む野菜なので、「葉が重ならないようにする」のが間引きの基本です。ついでに雑草も取りましょう。

　最終的には、三寸人参は株間を倍の6cmにします。

　芽が出てから約40日、人参の葉が一番美味しいときです。おひたしや天ぷらにして、大切に食べましょう。これは家庭菜園の特権です。このころの根は生で食べると最高です。ミニキャロットはもちろん三寸人参も、積極的にサラダにしましょう。

　本葉が4～5枚になったとき、三寸人参は元肥の半量(1mあたり有機肥料なら40g、化学肥料なら30g)を追肥してください。ミニキャロットは必要ありません。

　また、根の頭の部分が露出していると、日光が当たって緑色になります。味も少し変わるし、料理にしたとき見た目が悪くなります。そこで、種播き後50日をメドに土寄せをして、変色を防いでください。株の間の土を草かきか手で掘って根元にかけてやりましょう→図31。そ

図31　人参の土寄せ

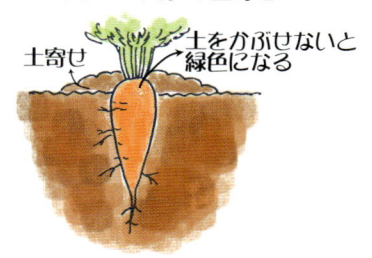

れ以降も、先端が露出していたら、同様に土寄せしてください。

　株の間の土を利用するので、除草効果や、周囲を掘り上げることによって、土を乾かしたり水がたまるのを防ぐ効果もあります。なお、芽の部分には土をかぶせないように注意しましょう。

◆その後の収穫

　3月になってトウが立つまでは畑に置けますが、とくに芯の部分が固くなります。固くなりすぎた芯は取ってください。

プランターでの栽培

　ミニキャロットも三寸人参も向いています。ただし、ある程度は根が深くなるため、レタスやラディッシュと違って堆肥や肥料を深く埋めてください。

◆種播きの準備

　標準型プランターの底に小粒の赤玉土を約1cm敷き詰めます。人参以外を栽培したプランターの土があれば、ふるいにかけてから加えてください。その上に堆肥を1cm程度入れ、有機肥料なら30g、化学肥料なら20gを振り撒きます。さらに小粒の赤玉土を縁から2〜3cmまで入れてください（同様に、プランターの土があれば混ぜる）→図32。有機肥料を使う場合は、種を播く1〜2週間前にこの作業を終えましょう。

　なお、雑草に弱いので、土を再利用する場合は、上部5cm程度は新しい小粒の赤玉土を使うこと。このほか64ページの「土を再利用するときの注意点」にしたがってください。

◆種播き

　プランターの底からたっぷり水が流れ出す程度に水をやります。そして細い板や手で土をならした後、深さ1cm程度の浅い播種床を長い辺に垂直に、ミニキャロットならば10cm間隔で3列、三寸人参ならば中央に1列、掘ってください。ここに種を1粒ずつ1cm間隔で播いて土を種が見えなくなるまでかぶせ、畑の場合と同じ程度に水を十分かけます。なお、間引き収穫を楽しみたい方は、上下左右2cm間隔でバラ播きしてもいいでしょう。

◆その後の管理

　畑の栽培と同じです。

図32　プランターでの人参の種播きの準備

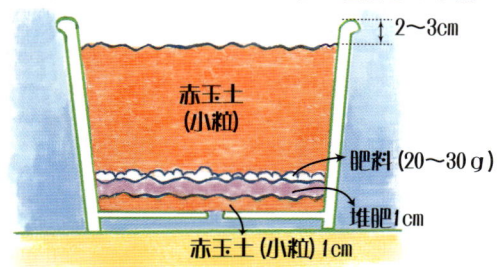

13 ジャガイモ
〈ナス科〉

表16　栽培ポイント

つくりやすい	◎
害虫に強い	○
病気に強い	○
連作に耐える	△
畑向き	◎
プランター向き	△
軒下向き	◎
日陰に耐える	×
乾燥に耐える	◎
収穫期間が長い	△
手がかからない	◎
酸性土壌を好む	◎

◎ そうだ
○ まあそうだ
△ あまりそうでない
× そうでない

写真32　イモ掘りも楽しい

　土が乾き気味で、風通しがよければ、ジャガイモはつくるのに手がかかりません。徹底的に手を抜こうとすれば、植え付け、土寄せ、収穫の3回ですみ、植えてから約3カ月で収穫できます。
　アンデス地方の海抜約3000mの山岳地帯が原産。そのため、寒さには強いものの、暑さには弱く、関東地方以西の平野部では、真夏は枯れてしまいます。こうした地域では、男爵のような収穫までが早い早生種を早植えしましょう。また、病気が多いので大変と思われがちですが、私は60年間1回も病気を発生させていません。風通しのよい乾き気味の畑を選び、毎年よい種イモを買って、連作しないのがポイントです。

特性

①水がたまる場所を根が好まない。多くの病原菌も湿った土を好む。畝を高くする方法もあるが、土寄せのときに大変になる。なお、空気伝染するエキ病の病原菌は、雨上がりのような湿度が高いときに伝染するので、風通しをよくしよう。
②モザイク病や黒あし病のように、種イモから移る病気がある。必ず検査章がついた種イモを買おう。
③連作しやすいが、病気を考えると2年ぐらいあけるほうが賢明。また、トマト、ピーマン、トウガラシなどナス科の後は絶対に避ける。
④窒素肥料を多く与えすぎると、収穫が遅れ、イモが水っぽくなる。モザイク病や葉巻病を移すアブラムシが増える。
⑤イモが完熟して60〜140日休眠した後に発芽する。発芽後は糖分を増すが、長く置くと味が悪くなる。貯蔵中に発芽したら、早く食べよう。

畑での栽培

関東地方では、2月中旬～3月中旬に種イモを植え、6～7月中旬に収穫する春植え栽培が一般的です。寒さには強く、土の温度が5℃でも発芽し、10℃程度で十分に生育します。

◆種イモの準備

ガーデンセンターや種苗店で毎年、公的機関の検査済みのラベルが張られた種イモを買ってください。

約60～100gの種イモは、縦に2分割します→図34。分割したそれぞれに、芽が4～5個あるように配慮して切ってください。100g以上の場合は、3～4分割してもかまいませんが、大きいほど生育がいいようです。60g以下の種イモはそのまま植えてください。

切った種イモは太陽に1日当てた後、4～5日は室内で切断面を下にして並べておきます。

◆畝づくりと種イモの植え付け

幅90～110cm、高さ5cmの畝を鍬やホーを使ってつくり、縦に2列、60～70cm間隔で、深さ10cmの溝を掘ります(幅は任意)。この溝1mあたり、堆肥500gと、有機肥料(窒素・リン酸・カリ各5%)なら100g、化学肥料(窒素・リン酸・カリ各8%)なら60gと、骨粉(リン酸20%含有)か過リン酸石灰を15g、硫酸カリを5g入れてください。

そして、畝の表面5～6cmまでホーや鍬で土を戻しておきます。有機肥

図33　ジャガイモの栽培カレンダー

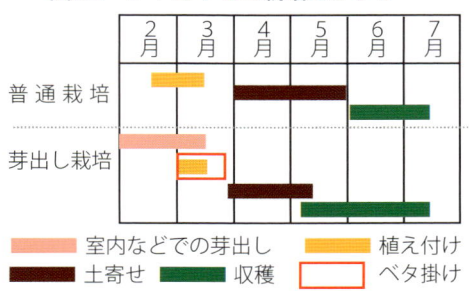

種類

野菜売り場のジャガイモは、以前はふかすとおいしい男爵と、煮物向きのメークインに限られていた。最近は、皮や果肉が赤、黄、紫など珍しい品種が出回っている。ガーデンセンターや種苗店でも、いろいろな種イモが並んでいる。手に入りやすく、家庭菜園でお勧めの品種は以下のとおり。

①男爵
　関東地方以西の平地で春～夏に栽培されているのは、ほとんどが男爵。理由は、早生種(植え付け後収穫まで約90日)だから暑さで枯れるまでに完熟し、休眠期間が約120日と長いので、10月まで家庭で貯蔵できるため。

②メークイーン
　中手種(植え付け後収穫まで約110日)。休眠期間は男爵と同じように長い。

③紅アカリ
　皮が赤で、果肉が白。中・早生種(植え付け後約100日)で、マッシュポテト向き。

④キタムラサキ
　皮も果肉も紫。中・晩生種(植え付け後収穫まで約120日)で、休眠期間は長い。煮崩れしにくい。

②～④は芽出し栽培→115ページがよい。

図34　種イモの植え付け

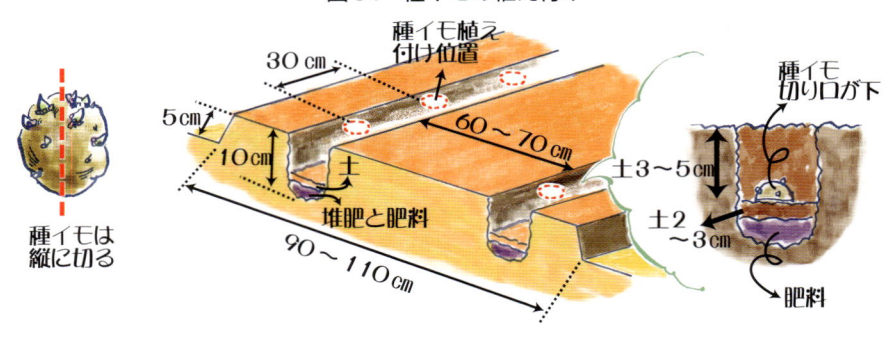

図35　土寄せの方法

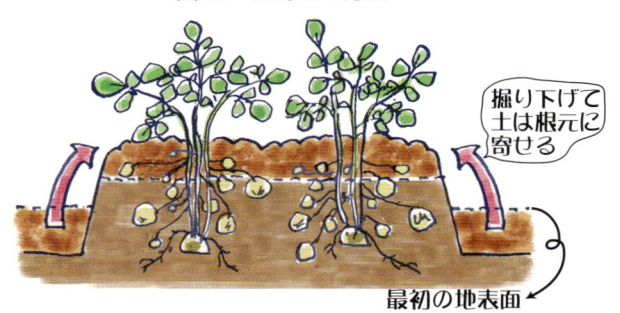

料を使う場合は、種イモを植える1～2週間前にこの作業をすませておきましょう。

　溝の中に、種イモを30cm間隔で切断面を下にして置いていきます。土は種イモの3～5cm上までかぶせてください→**図34**。発芽した段階で勢いのよい芽1本にしぼる方法（芽かき）もありますが、芽をすべて伸ばしたほうが収量は増えます。それに、芽かきの手間がかかりません。

◆**土寄せ**

　発芽後20日ぐらい経ったら、株の周囲に高さ12～13cm土寄せをします→

写真33　緑色になったジャガイモ

図35。イモに日光が当たって緑色になり→**写真33**、有毒成分のソラニンが形成されることを防ぐためです。このときの土は畝だけでは足りないので、スコップや鍬で通路を掘り下げて出た土を使います。同時に、周囲の雑草も抜いてください。

この作業はけっこう大変なので、1回ですましたいところです。とはいえ、ときどき畑を見回り、地面に露出しそうなイモがあれば、手や移植ごてで土をかけましょう。

◆収穫

6月ごろになると、首都圏ではそろそろ葉が黄色くなってきます。ここで掘って、新ジャガを楽しんでもよいでしょう。ただし、6月いっぱい待ったほうが収量は増えます。晴れた日が2～3日続いたら、収穫しましょう。スコップや鍬で土を起こし、手で引き抜きます。取り残しに注意を！

収穫したイモは日のあたらない場所に3～4日並べてから、冷蔵庫の野菜室など暗くて涼しい場所（最適温度は3～4℃）で保管してください。こうしないと、イモは緑化します。

◆ 芽出し栽培

室内で早めに発芽させて、中・晩生種を首都圏で栽培可能にする方法です。ただし、普通栽培より手はかかります。植え付けの4～5日前までに種イモを手に入れましょう。できれば、芽が動き始めているものを選んでください。

畑での栽培と同様に種イモを切り、深さ10～20cmのプランター（長さと幅は種イモの量で決める）や鉢の底に1～2cmの赤土を入れ、種イモを芽の部分を上にしてぎっしり並べます。その上に、ふたたび赤土を入れましょう。土が深いほど、畑に出してからの土寄せの高さが減らせます。

写真34　芽が出そろったら植える

そして、化学肥料を表面に縦横約2cm間隔でばら撒き、十分に水をやりましょう。有機肥料は効き目が遅いので、この場合は使いません。その後すっぽり大きなビニールをかぶせて、暖かい室内に持ち込んでください。

芽が出てきたらビニール袋をはずし、縁側など日のあたるところに出します。**写真34**のように芽が出そろったころ、畑に植えましょう。その前に4～5日は南向きの軒下に出し、外気にさらしてください。肥料や株間は、畑での栽培に準じます。種イモは、緑色の芽を必ず土の上に出しましょう。

霜が降りる危険がある段階では、ベタ掛けが有効です。ただし、日あたりを好むので、早めに取りはずしましょう。芽に霜がおりても、後からまた伸びてくるので、致命傷にはなりません。

14 トマト
〈ナス科〉

写真35　ミディトマトのルイ40

表17　栽培ポイント

	ミニ	ラージ
つくりやすい	○	×
害虫に強い	○	○
病気に強い	△	△
連作に耐える	×	×
畑向き	◎	◎
プランター向き	△	△
軒下向き	◎	◎
日陰に耐える	△	△
乾燥に耐える	◎	◎
収穫期間が長い	◎	△
手がかからない	△〜○	×
酸性土壌を好む	○	○

◎　そうだ
○　まあそうだ
△　あまりそうでない
×　そうでない

　トマトは魔物です。トマトづくりはハラハラさせられることが多いのですが、実がなり始め、色づいていく姿は、まさにサラダガーデンの夏のスターです。
　ペルーの海抜約2000m地帯が原産なので、日本の高温多湿の夏には基本的に向きません。家庭菜園では、つくりやすいミニトマトか一部のミディトマトの栽培をお勧めします。

種類

実の大きさによって3つに分かれる。
①ミニトマト
　30g未満。早生（植え付けから収穫まで約60日）。日本で売られているほとんどの品種がツルぼけせず、霜がおりるまでなり続ける。
②ミディトマト
　30〜100g。早生から晩生（植え付けから収穫まで約100日）まで。ルイ40（タキイ）→**写真35**、シンディスイート（サカタ）、フルーツゴールド（デルモンテ）のような最近の一部品種は、ミニトマトと同様にツルぼけせず、夏でもなり続ける。
③ラージトマト
　100g以上。中早生（植え付けから収穫まで約70日）から晩生まで。ほとんどの品種はツルぼけし、夏以降は実をつけないと考えるべき。ただし、米寿（タキイ）→**写真36**とロジユタカ（大和園芸）は、私がつくったかぎりツルぼけは起こさなかった。挑戦する場合は「家庭用」と説明されている品種を選ぼう。
　いまの野菜売り場では、ピンクで皮が薄い（皮を剥かなくてすむ）桃太郎一辺倒。だが、固く、トマトらしい香りや味に乏しいという声も聞く。一方ミニトマトやミディトマトは、味、香り、果肉の質が多様で、色も赤、ピンク、黄、オレンジと豊富。

特 性

トマト

① 原産地の気候を受け継ぎ、霜が降りないかぎり低温（5℃以上）には強い。一方、高温には弱く、日中の気温が25℃を超えると株が弱り始め、味も悪くなる場合がある。とくに30℃を超えると、実をつけなくなることが多い。ただし、日本で売られているほとんどのミニトマトや一部のミディトマト（以下ミニトマトなど）は夏でも実をつけ続ける。
② ツルぼけという現象があり、実をつける前に肥料（とくに窒素肥料）をやりすぎると、葉や茎ばかり伸びて、実がならなくなる。したがって、植え付け当初は肥料を控え、実がなり始めたら大量の肥料を与える必要がある。また、ラージトマトは実を多くつけすぎると株が弱り、枯れることが多い。私の知るかぎり、ミニトマトなどはこうした傾向がない。
③ 日当たりを好む。日陰では茎が徒長し、味も悪くなる。
④ 病気のほとんどは湿地を好むので、畝をできるだけ高くする。根が水に浸かると枯れる場合がある。風通しをよくするのも、病気を防ぐために大切。
⑤ ナス科の他の野菜（ジャガイモ、ピーマン、トウガラシなど）を含めて、連作を避ける。病気だけでなく、根につくネコブセンチュウも防げる。
⑥ 堆肥を多く与え、土の上に草や落ち葉を敷くと、ネコブセンチュウやダニが防げ、病気も減る。
⑦ アブラムシやダニがつくが、生育を妨げるほどではない。ただし、アブラムシはモザイク病を媒介する。また、西日本では大タバコガの幼虫が実を食い荒らすという。見つけしだい除去するしかない。
⑧ マリーゴールド、ネギ、バジル、パセリなどと混作すると、生育をよくするうえに病気や害虫を防ぐ効果もあるようだ。

写真36　ラージトマトの米寿

畑での栽培

幅90〜110cmの畝なら、通常は60〜70cmあけて2列に苗を植えます。ここでは、真ん中に1列トマトを植え、南側にマリーゴールド（またはバジル）、北側にパセリを植えてみましょう。

◆苗の準備

苗は4月からガーデンセンターや種苗店に出回ります。霜さえ降りなければ低温でも育つので、4月上〜中旬に買ってください。とくに、ラージトマトや

図36　トマトの栽培カレンダー

	4月	5月	6月	7月	8月	9月	10月	11月
ミニトマトと一部のミディトマト	植え付け	植え付け	収穫	収穫	収穫	収穫	収穫	収穫
ラージトマトと普通のミディトマト		植え付け		収穫	収穫			

植え付け　収穫

117

ほとんどのミディトマトは高温下では実をつけないので、早く用意しましょう。

　苗は、がっしりして、茎や葉の色が濃く、つぼみがついているものを選んでください。花が1輪咲いていればベストです。また、必ず引っくり返してみて、ポットの底の穴から根が出すぎていない苗を選んでください。こうした苗はポットから抜いてみると、根が茶色く老化している場合があります。

　ミニトマトなどは、そのまま畑に植えてかまいません。ラージトマトと普通のミディトマトはやや大きめの鉢に植え替え、日当たりのよい南向きの軒下などに置いて、花が咲くまで（ベストは実がつくまで）待ちましょう。

◆畝づくり

　スコップや鍬を使って、約15cmの深さに耕します。トマトの根はきわめて頑強で、砂利混じりの重い土も平気です。ていねいに小石を取ったり土を細かくしたりする必要はありません。畝は高ければ高いほどいいでしょう（最低10cm）。ただし、いっしょに植えるバジルは乾きにあまり強くないので、トマトを植えるところだけカマボコ型に高くする方法もあります。

　幅90〜110cmの畝の真ん中に、スコップや鍬で40cm間隔で直径・深さ各20cm程度の穴を掘ります。ひとつの穴に、堆肥600gと、元肥として有機肥料（窒素・リン酸・カリ各5％）なら60gと骨粉（リン酸20％含有）20g、化学肥料（窒

図37　トマトの畝づくりと植え付け

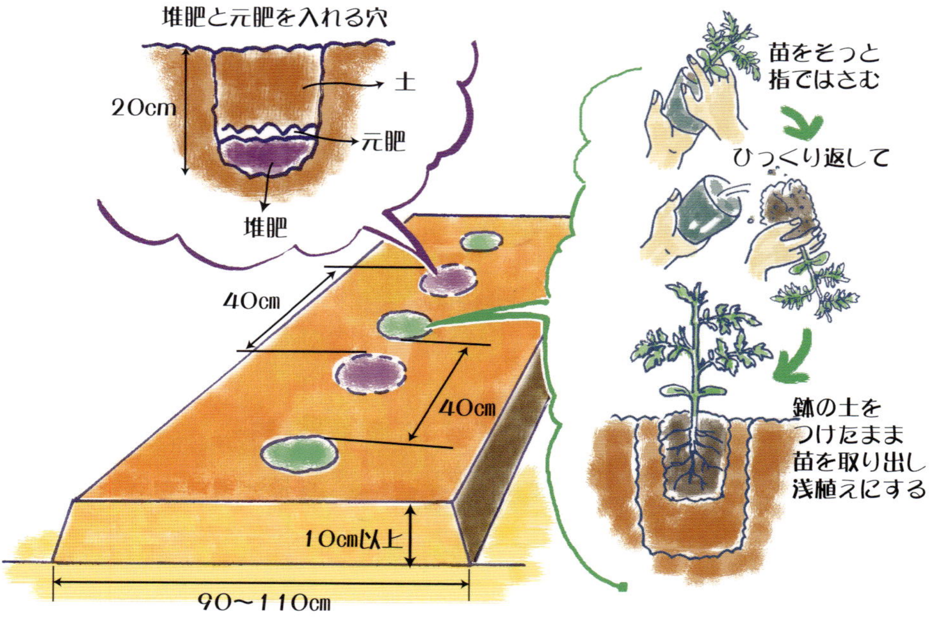

素・リン酸・カリ各8％）なら40gと過リン酸石灰20gを入れ、土をかけて戻してください→**図37**。なお、有機肥料の場合、他の野菜のように2週間前までに施す必要はありません。根に届くまでにある程度分解して、根が吸収しやすくなっているからです。

◆**苗の植え付け**

写真37　苗のまわりに刈った草などを敷き詰める

堆肥と元肥を入れた穴と穴の間に40cm間隔で、鉢から抜いた根の部分が埋まる程度の穴を移植ごてで開け、鉢の土をそのままつけて浅植えにしてください→**図37**。浅植えにするのは、地中の深いところは温度が低く、根の生育が鈍るからです。

植えたら、トマトの背丈より約10cm高い仮支柱を立てて、苗を結びつけてください。結びつけるときは、ラフィアや細い針金のまわりがビニール被覆されたビニタイ（ガーデンセンターや100円ショップで手に入る）を使います。ポイントは、あまりきつく結ばないことです→**図38**。

そして、1株あたり約0.4ℓ水をやり、根が露出したらまわりから土を寄せてやりましょう。水やりは、栽培期間中この1回だけです。水をやりすぎると、根が深くまで伸びるスピードが落ちます。

元肥と離して植えると、完熟していない有機肥料や堆肥の場合は、発酵過程で発生する熱や有毒ガスから根を守ってくれます。また、ラージトマトや普通のミディトマトの場合、根が元肥に近づくまでに少し時間がかかるため、ツルぼけが防げます。ミニトマトなどはツルぼけの心配がないので、根のまわりに即効性の化学肥料を1株あたり10g程度撒いて、成長を促進させましょう。

その後、1株あたり200gの堆肥を混ぜた土をかけて戻します。さらに、苗のまわりに刈った草・落ち葉・ワラなどを敷き詰めてください→**写真37**。ミミズ

図38　支柱と苗の結び方

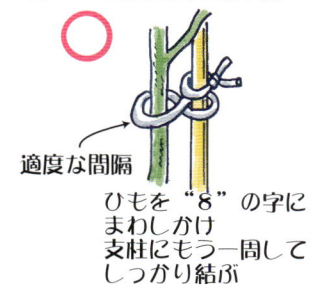

○
適度な間隔
ひもを"8"の字にまわしかけ支柱にもう一周してしっかり結ぶ

×
ギュッと結ぶと茎が傷む

や微生物が増えて土が豊かになり、病原菌やネコブセンチュウなどがトマトに近づけなくなる、ダニのような天敵が増えるなどの効果のほか、雨が降ったときには泥はねを防ぎ、土中の病原菌が葉や茎につきません。

また、暖かい日の午前中に植えるといいでしょう。ほとんどのトマトは花房が同じ方向につく性質がありますから、通路側に花房を向けて植えると収穫のとき楽になります。

トマトを植えた後、南側にマリーゴールドかバジル、北側にパセリの苗を植えます。元肥の量は、1株あたりトマトの5分の1です。なお、骨粉や過リン酸石灰は、入れても入れなくてもかまいません。

◆支柱立て

最初の実が大きくなり出したころ本支柱を立てます（初めからでもよい）。180～200cmの支柱を合掌仕立てにして結びつけるのが一般的でしょう。これは、真夏には実をつけなくなるラージトマトや普通のミディトマトに適した方式です。

しかし、ミニトマトや一部のミディトマトは霜が降りるまで実がなり続け、品種によっては4mを越します。そのため合掌仕立てでは手が届かず、枝の整理や収穫が困難です。そこで、図39のような垣根方式はいかがでしょうか。

まず、畝の両側に太めの支柱を手が届く高さで地面に垂直に立てます。そして、やや細めの支柱を水平に2～3本、畝の長さに合わせて通し、茎を結びつけていくのです。斜めにしたり、支柱に這わせたり、いろいろ工夫できます。上まで伸びてきたら、反対方向に誘引し直すこともできます。

図39　垣根方式の支柱の立て方

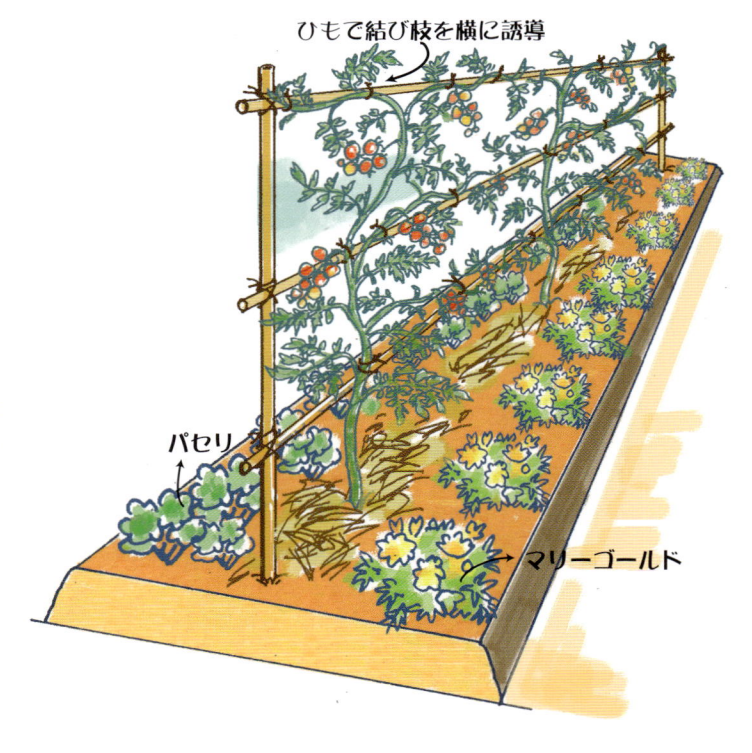

写真38　茎のつけ根から出てきた脇芽

　鉄パイプにビニール被覆した支柱は、ガーデンセンターや100円ショップで売られています。竹や木の枝を使うのもお洒落ですね。しっかりした材質を選び、強風で倒れないようにすることがポイントです。

◆枝の整理

　トマトは次々に脇芽→写真38を伸ばしていき、放置しておくとジャングル状になって、収穫に支障をきたします。普通は1本仕立てといって、脇芽をすべて摘みますが、ミニトマトなどは2～3本など複数の茎にしたほうが収穫が上がるのです。実が直径1cmになるまでは、脇芽をそのままにしておきましょう。葉や茎が茂るほど、根も伸びるからです。

　実の直径が1cmになったら、実がついた枝の下を支柱にきちんと結び直します（結び方は図38と同じ）。そのとき、脇芽をすべて摘みましょう。複数の茎を伸ばしたい場合は、実をつける枝の下の勢いがよい脇芽を選んでください。

　なお、脇芽を摘むときは、ハサミを使わず指でやりましょう。傷口から感染するタイプのモザイク病が広がるおそれがあるからです。また、タバコが手についていると感染を促進する可能性があるので、タバコを吸う方は手をよく洗ってから摘みましょう。

　ミニトマトなどの場合、脇芽を畝の一角に挿しておくと、植えたトマトが枯れた場合の補充に役立ちます。収穫時期は少し遅れますが、後半は勢いが残って、収穫量が増えるかもしれません。

　ラージトマトなどは実がなり始めると勢いを実に取られ、葉の色が薄くなったり先端が立ったりする場合があります。そのときは、即効性がある化学肥料を1株あたり約10g与えましょう。やむをえない場合は、実を取り去ります。

◆その後の管理と収穫

　脇芽摘みを繰り返し、見通しと風通しをよくしましょう。実がなった後の葉は枯れるので、落としてください。見通しは収穫の容易さに、風通しは病気の予防に役立ちます。

　気温が高くなれば、色づくスピードが速くなります。必ず手で収穫してください。最初の収穫をしたら、化学肥料を1株あたり10g追肥します。以後、1カ月ごとに同量を与えましょう。

　なお、ラージトマトは実のならせ方が多すぎると、株が弱ったり、実が小さくなることがあります。桃太郎などは実を一房3～4個に制限しましょう。

15 ピーマン・トウガラシ〈ナス科〉

写真40　万願寺

写真39　普通のピーマン

表18　栽培ポイント

つくりやすい	○
害虫に強い	◎
病気に強い	◎
連作に耐える	△
畑向き	◎
プランター向き	△～○
軒下向き	◎
日陰に耐える	△
乾燥に耐える	△
収穫期間が長い	◎
手がかからない	△～○
酸性土壌を好む	○

◎　そうだ
○　まあそうだ
△　あまりそうでない

　家庭菜園の夏から秋の果菜類（実を食べる野菜）でひとつ選べといわれたら、私はピーマンにします。病気や害虫に苦しめられないし、霜が降りるまで収穫できるからです。葉も意外に美味しいので、収穫末期にちぎって、炒めたり佃煮にしてみませんか。

　ロンドンのインドレストランで料理を注文したら、付け合せにトマトや人参といっしょに大きなピーマンが入っていました。思い切ってかぶりついたら、歯ざわりがよくて、ジューシーで！ピーマンにはまだまだ知られざる魅力があるのです。

　ピーマンとトウガラシは同じナス科トウガラシ属で、育て方もほぼ同じです。原産地は中南米。日本にはトウガラシが16世紀に伝えられ、各地に在来種があります。また、辛くないピーマンが入ってきたのは明治時代初期です。

特　性

① ナス科のなかで、寒さにもっとも弱い。
② トマトやナスに比べると、病気や害虫に悩まされず、栽培がやさしいので、家庭菜園向き。唯一の欠点は根が繊細なこと。**写真41**を見るとわかるように、右のピーマンは左のトマトやナスに比べて細く、深くまで伸びていない。とくに、耕し方が浅いと根が伸びず、乾燥すると葉が黄色くなったり、ときには枯れる。土は深く耕し、根を深くまで伸ばそう。
③ 水が溜まるところには適さないので畝を高くする。意外に乾燥にも弱いので、植え付け後1カ月と梅雨明けの猛暑に注意が必要。
④ 甘み種は茎が軟らかく、実がついて垂れると成長しなくなる。整枝と支柱立てが大切。

畑での栽培

◆苗の準備

　株ががっしりして、葉が青々している苗を選んでください。鉢の底から根が出

写真41 トマトやナスに比べて細いピーマンの根

すぎているものは、止めましょう。鉢の中に根が回りすぎ、茶色く老化している場合があるからです。

　植え付けの適期は、首都圏では5月中旬です。苗はゴールデンウィーク前から出回るので、早めに買ったときは次の保温対策をとってください。

　①畑にすぐ植えるときは、ガーデンセンターなどで売られている保護キャップをかぶせる→127、128ページ。

　②大きめの鉢に植え替え、南向きの軒下など暖かい場所で保護する。このときも保護キャップは有効。

◆畝づくり

　根を深くまで育てるために、最低

図40　ピーマン・トウガラシの栽培カレンダー

	5月	6月	7月	8月	9月	10月	11月

植え付け
普通のピーマンの収穫
カラーピーマンの収穫

種類

(1)辛味種
　世界中で香辛料として使われている。非常に辛い。日本の品種は、鷹の爪、日光などが激辛系。韓国のものは中辛系や弱辛系が多い。

(2)甘味種

①ピーマン→**写真39**/欧米で改良が進んだ辛くない品種。独特の青臭さがある。現在の日本のピーマンは、伏見などと交配した実が薄い品種で、味は相対的に淡白。

②カラーピーマン(パプリカ)/ハンガリーやイタリアでは特定品種のピーマンを完熟させて食べていて、これに目をつけたオランダの会社がパプリカという名前で国際的に売り出した。赤・黄・紫と色がきれい。肉厚で甘い。すべての実を完熟させると株に負担がかかって枯れることが多いので、半分近くは緑のうちに採ったほうが安全。生で食べるとロンドンのレストランの興奮が味わえる。実が小さい品種を選ぶと栽培が楽。

③伏見/京都の伏見地区で古くから栽培されてきた。果肉は薄く、辛みはほとんどない。ちりめんじゃこと炒めると絶品。シシトウ(弱辛)も同様に使える。

④万願寺→**写真40**/大型で実が厚く、大きくなっても軟らかい。伏見と欧米のピーマンが交雑してできたといわれている。煮物に適する。

　20cmの深さまでスコップや鍬で土を耕し、幅90～110cm、高さ最低10cmの畦をつくります。根が少しでも水につかると、枯れてしまうことがあります。

　畝の真ん中に40～50cm間隔で、直径20cm、深さ30cm以上の穴をスコップで掘り(深く掘れば、根が深くまで伸びる)、一つの穴ごとに堆肥700gと、元肥として有機肥料(窒素・リン酸・カリ各5％)なら40gと骨粉(リン酸20％含有)20g、化学肥料(窒素・リン酸・カリ各8％)なら30gと過リン酸石灰20g

図41　ピーマンの畝づくり

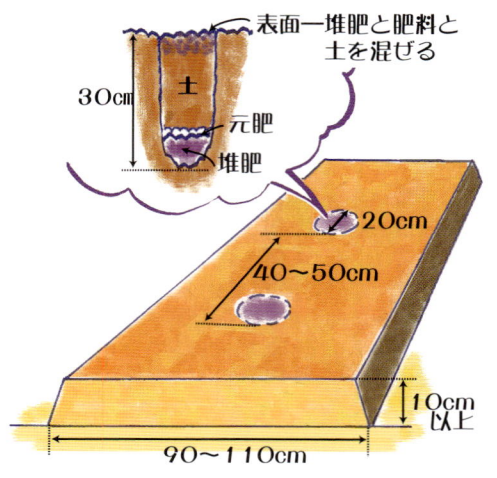

を入れます。そして、土を埋め戻し、堆肥300gと有機肥料なら20gと骨粉10g、化学肥料なら15gと過リン酸石灰10gを表面に混ぜてください→**図41**。有機肥料を使う場合は、苗を植える1〜2週間前にこの作業をすませておきましょう。

◆植え付け

　5月中旬に苗を1列植えします。堆肥と元肥を入れたところに移植ごてや手で穴を開け、根の上に土を約1cmかけるぐらいの浅植えにしてください。

　そして、ぐらつかないように苗の高さ程度の仮支柱を立てて苗を結び→119ページ、根が土から露出するぐらいたっぷり水をやり、土と根をなじませるようにします。この後、苗のまわりにワラ、落ち葉、枯れ草などをできるだけ高く積み上げましょう。仮支柱は、篠竹やビニール被覆した鉄線などを使います。

◆乾き対策

　5月中は根が張っていないので、注意が必要です。苗がしおれていたり、土の割れ目ができるほど乾いていたら、1本に0.5ℓぐらい水をやってください。

　梅雨が明けたら、敷きワラなどを追加します。極端に乾いている場合は、1本に約1ℓ水をやりましょう。

◆整枝と支柱立て

　最初の花が咲いたら、すぐ下に出た1本の側枝を残し、そこより下の枝はすべて摘みます。つまり、主枝ともう1本の脇枝の2本にする（2本仕立てという）わけです→**図42**。このとき、主枝を少し曲げておくと、側枝との太さが徐々にそろっていき、その後の管理も楽でしょう。

　背丈が30cm以上になったら、本支柱を立ててください。株をはさんで50cm間隔で、畝の長いほうの両端に2本ずつ、

図42　ピーマンの2本仕立て

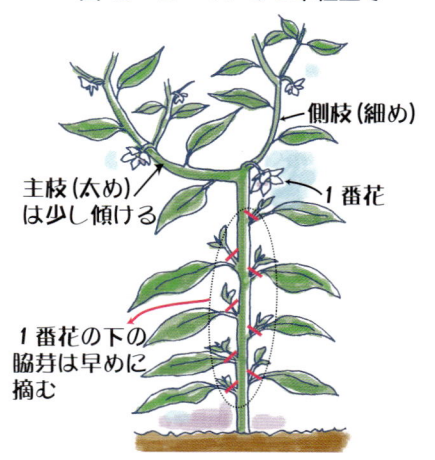

図43 ピーマンの本支柱立て

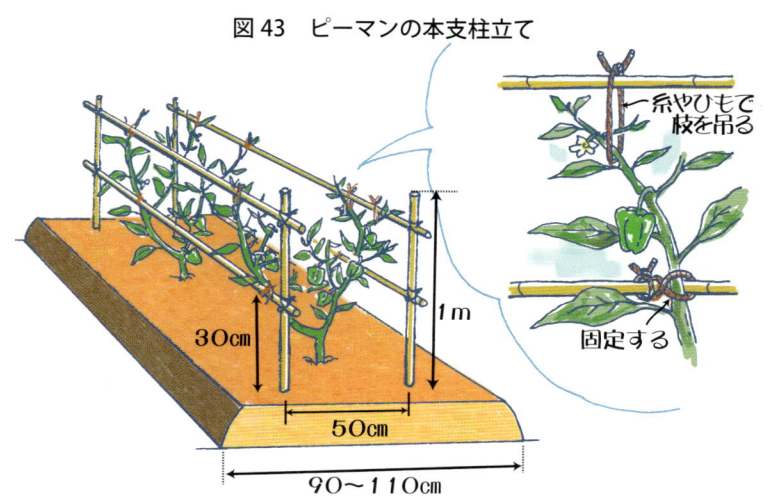

高さ約1mの本支柱を立てます。畝が長い場合は途中に1〜2本立ててもいいでしょう。

次に、地面から30cmのところに横に支柱を1本渡し、1mの支柱に結びます。ここに、ピーマンやトウガラシの枝を結びつけるのです。枝が短い場合は、糸やヒモで引っ張ってください→図43。甘味種は茎が柔らかいので、この作業を怠ると、強い風が吹いたときや体が接触したときに、幹が裂ける場合があります。茎が伸びてきたら横の支柱を増やし、伸びた主枝と、主枝から伸びてきた脇枝を結びつけてください。

甘味種の枝は柔らかいので、実がたくさんなり始めると、重みで枝が垂れていきます。しかも、枝が下を向いていると芽の生長が鈍り、だんだんと花をつけなくなるのです。8月になると、細い枝や垂れた枝を根元から、あまり太くない枝は途中から、ハサミなどで切ります。

整枝と本支柱立てをしなくても、霜が降りるまで実はなり続けますが、この作業をすれば収量は増えるでしょう。

◆収穫

最初から3回目まででのの実は早めに収穫してください。植物にとって、実をつけるというのは負担がかかることだからです。苗を買うときに実の大きさを聞いておき、その7〜8割の大きさで採りましょう。

カラーピーマンの場合、最初の1〜2回は必ず緑色のうちに収穫してください。色づくまでには約1カ月かかり、樹が消耗してしまいます。大形のカラーピーマンなら、最初の2つは実がなったらすぐ採り、樹の生長を促してください。肉厚のカラーピーマンの緑色の段階は、野菜売り場にはなかなか出回りませんが、生でも炒めても美味しく、家庭菜園の特権です。

◆追肥

1回目の収穫のときに、追肥を与えてください。有機肥料なら20g、化学肥料なら10gです。収穫を終える1カ月前まで、1カ月に1回、続けてください。

16 キュウリ
〈ウリ科〉

写真42　貴重な四葉キュウリ

表19　栽培ポイント

つくりやすい	△
害虫に強い	△
病気に強い	△
連作に耐える	△
畑向き	◎
プランター向き	×
軒下向き	◎
日陰に耐える	○
乾燥に耐える	△
収穫期間が長い	○
手がかからない	×
酸性土壌を好む	△

◎　そうだ
○　まあそうだ
△　あまりそうでない
×　そうでない

　家庭菜園では人気の野菜です。支柱やネットにツルを這わせる方法と、地面を這わせる方法があります。後者は広いスペースが必要なので、家庭菜園には不向きでしょう。苗から育てるのが一般的ですが、種からの栽培もむずかしくはありません。

　病気はけっこう多いのですが、健全に育てれば心配はありません。私の畑では写真43のようにうどん粉病が06年に発生しましたが、1株あたり数十個の収穫ができました。また、実は若いうちに採りましょう。実をつけるということは株全体を消耗させるからです。巨大になったキュウリはウリらしい味がして、皮を剥くと、漬物・煮物・炒め物と美味しいものですが、ほどほどにしましょう。

　原産地はインドと考えられています。日本には古代に中国から伝わり、17〜18世紀以降に本格的な栽培が始まりました。

苗からの栽培

◆畝づくり

　キュウリの根は浅く広がるので、耕す深さは15〜20cmでよいでしょう。幅90〜110cm、高さ5〜10cmの畝を鍬かホーでつくり、元肥と堆肥はトマトと同じように植える株の間に入れていきます。

写真43　うどん粉病で真っ白になったキュウリの葉

特性

①高温多湿に強く、乾燥には弱い。したがって、極端に乾く土地では栽培を避ける。多少の日陰は気にしない。
②育ちが早く、果菜類では種播きから収穫までの期間がインゲンの次に短い。
③茎からひげツルを出してつかまれるものに巻きつき、這い上がる性質がある。原産地での写真を見ると、自生種は笹や灌木に這い上がっている。そのため、基本的には支柱に結びつける必要はない。ただし、這いつくものが細いほどよく、1cm以下が望ましい。茎や葉が軽いこともあって、ガーデンセンターなどで売っているキュウリネット（糸の太さは釣り糸ぐらい）を利用すると便利。
④連作すると病気やセンチュウの被害が増える。最低2年は間隔をあけよう。また、ワラや落ち葉などを株のまわりに多く敷き詰めると、病気やダニの被害防止に効果がある。
⑤センチュウ以外は致命的な被害はもたらさない。ただし、発芽直後や植えたての苗はウリハムシの被害が大きいので、種播き後1カ月と植え付け後半月は保護キャップ→128ページ写真44やポリ袋→34ページをかぶせよう。
⑥収穫時期が集中するため、収穫が意外に大変。農家は、最盛期には1日2回収穫するという。家から離れた市(区)民農園には、お勧めできない。

種類

　4月中旬からガーデンセンターに並ぶ種や苗は、主蔓に一定数の葉がついた段階で必ず雌花をつける「節成り性」の強いものが多い。6月以降の栽培では、親ヅルに実をつけず、子ヅルや孫ヅルにつけるタイプがある。これは、本葉が5枚になったときに摘み取り、子ヅルを4本出して栽培する（それ以外は変わらない）。

　いずれにせよ、種袋の裏などに書かれている特色をよく読もう。また、耐病性の強い品種を聞いて選ぶのもよい。

　私は四葉キュウリを毎年つくっている→写真42。漬物に評判で、海外ではサラダ用に珍重されている。ただし、細長く、曲がりやすく、皮にしわがあるので、首都圏の野菜売り場には並んでいない。大手種苗会社のカタログにも改良種しか載っていない。これを買うか、通販→8ページを利用しよう。

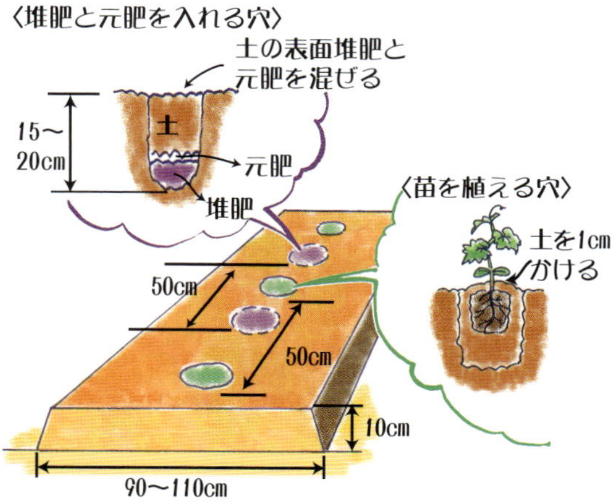

　畝の真ん中に、50cm間隔で深さ20cm程度の穴を掘ってください。その穴ひとつに、堆肥800gと、有機肥料（窒素・リン酸・カリ各5％）なら60gと骨粉（リン酸20％含有）30g、化学肥料（窒素・リン酸・カリ各8％）なら40gと過リン酸石灰25gを入れます。そして、土を埋め戻し、堆肥200gと、有機肥料なら20gと骨粉5g、化学肥料なら10gと過リン酸石灰5gを表面に混ぜます→図44。有機肥料の場合は、苗を植える1～2週間前にこの作業を終えておきましょう。

◆植え付け

　90～110cmの畝なら2列植えで

図44　キュウリの畝づくりと植え付け
〈堆肥と元肥を入れる穴〉
土の表面堆肥と元肥を混ぜる
15～20cm
土
元肥
堆肥
〈苗を植える穴〉
土を1cmかける
50cm
50cm
10cm
90～110cm

図45　キュウリの栽培カレンダー

	4月	5月	6月	7月	8月	9月	10月	11月
種からの栽培								
苗からの栽培								

種播き　　苗の植え付け　　収穫

きますが、私は混植しています。たとえばキュウリを1列植えて、その南側にネギの苗を植え、北側には日陰に強いフダン草や三ツ葉の種を播くのです。2列植えの場合は、列間を60〜70cmあけます。

堆肥と元肥を入れたところの間に、50cm間隔で苗を植えられる程度の穴を開け、根の上に土を1cmかけるぐらいの浅植えにしてください。浅く植えると風に弱くなるので、トマト→119ページなどのように仮支柱を立てて苗を支えます。植えたら、根が土から露出するぐらいたっぷり水をやり、土と根をなじま

せましょう。その後、穴を掘ったときに出た土を埋め戻してください（保護キャップや敷きワラなどは127ページ）。

◆キュウリネット張り

苗を植えたままにしておくと、地面に這い回ります。これでは管理が面倒だし、実が虫にかじられてしまいます。そこで保護キャップなどをはずすときにキュウリネットを張って、地面に垂直な方向に茎を誘導しましょう。風通しをよくして、病気を防ぐ効果も期待できます。

まず、畝の両側に2本、地面に垂直に、倒れないようにしっかりと支柱を立てます→材質は124ページ。細いと折れたり曲がったりするので直径1cm以上のものを選んでください。高さは手が届く範囲です。

ここにキュウリネットを張ります（張り方は商品の説明書を参照）。必ず畝の

写真44　保護キャップを掛けたキュウリ

図46　キュウリネットの取り付け方

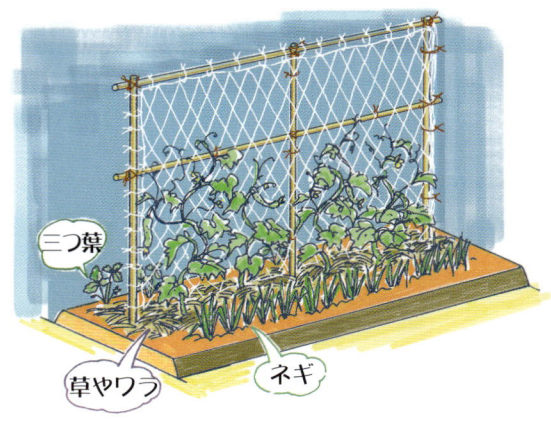

長さより少し長めを買いましょう。余ったら、片方の支柱にたぐって、ヒモなどでしばっておきます。次回にもっと長い畝で使う場合があるので、切るのはやめましょう。

キュウリネットを支えるために、苗2〜3本おきに垂直に支柱を立て、水平に支柱を通して、垂直な支柱に結びつけます。最後に、ネットと支柱をヒモなどで結びつけてください→図46。

◆ その後の管理

キュウリはどんどん伸びていき、手が届かないところで花を咲かせ、実をつけます。これでは収穫困難なので、手が届く範囲で茎の先端の芽の部分をちぎり、高さを制限してください。

最初の雌花より下のほうの子ヅルは垂れて通路に這い回り、作業に不便なので、すべて摘みます。風通しをよくして、病気を防ぐ効果もあります。なお、たいていの農家は、実がなったら、子ヅルと孫ヅルは葉を2枚残して摘み取ります。しかし、私は手間が大変なので、摘み取っていません。それでも、1株数十個の収穫をあげてきました。その代わり、株と株の間を少し広くしています。

◆ 追肥

最初に収穫したら、有機肥料・化学肥料とも1株あたり15gを追肥します。与えるのは、株元ではなく、畝の端か株の間です。以後、収穫が終わるまで1カ月おきに与えてください。

◆ 見極め時と収穫期間の延長

1カ月以上実がなり続けると株がくたびれてきて、ヘボキュウリばかりなったり、病気が多くなります。追肥しても元気が回復しない場合は、栽培をあきらめるしかないでしょう。キュウリは短命な植物です。晩秋まで収穫を続けたければ、次々に苗を植えたり種を播いたりするべきです。

種からの栽培

種から育てる魅力は、多くの品種から自分の好みが選べることです。家庭菜園に慣れてきたら、種から育てるとおもしろいと思います。

畝に肥料を入れるまでは、苗からの栽培と同じです。堆肥と肥料を入れたところの間にに、1カ所あたり最低100gの堆肥と10gの化学肥料を撒き、少し耕したうえで種を2〜3粒ずつ3cm間隔で播き、土を1cm程度かけます。土が極端に乾いているときは、じょうろで1カ所0.2ℓぐらいの水をやりましょう。

ウリハムシ対策に、種播き後1カ月は保護キャップやポリ袋をかけてください。本葉が2〜3枚になるまでに、苗を1本にします。以後は苗からの栽培と同じです。

17 エンドウ
〈マメ科〉

写真45 スナップ（スナック）エンドウ。下の葉が少しハモグリバエにやられているが、収穫に問題はない

表20　栽培ポイント

つくりやすい	○
害虫に強い	○
病気に強い	○
連作に耐える	×
畑向き	◎
プランター向き	◎
軒下向き	◎
日陰に耐える	△
乾燥に耐える	○
収穫期間が長い	○
手がかからない	○
酸性土壌を好む	×

◎ そうだ
○ まあそうだ
△ あまりそうでない
× そうでない

特性

①原産地がアルカリ性土壌なので、酸性土壌を嫌う。
②連作障害を起こしやすい。豆類を栽培したら、4～5年(最低3年)は畑をあける。
③害虫でもっとも気になるのはハモグリバエ。茎が伸びて花や実をつけ出せば、それほど被害が出ないが、苗が小さい時期だと枯れる場合がある。

根菜類や葉物に偏りがちな晩秋から早春。それだけに、4月後半から収穫するサヤエンドウは、春の喜びを与えてくれる野菜です。栽培もそうむずかしくはありません。

原産地はコーカサス地方南部(アゼルバイジャン、アルメニア)からイランにかけての地域といわれています。豆類の日本への渡来は奈良時代との説が有力ですが、サヤエンドウやグリーンピースは欧米から明治時代以降、スナップ(スナック)エンドウはアメリカから1970年代末に、それぞれ伝わりました。そのためか、日本の気候や土地にやや未適応の部分があるようです。

栽培カレンダー

11月上旬に種を播きます。10月に播いて早く大きくしすぎると、寒さに負けることがあるので、要注意です。

かつては厳寒期に霜よけをしました。しかし、暖冬化傾向にあるうえ、暖かくしすぎるとハモグリバエの被害が大きくなります。

ここでは、エンドウは1列植えにして、霜よけを兼ねた小松菜・春菊との混植を

種類

　以前はサヤを食べる①サヤエンドウと、実を食べる②グリーンピースだったが、最近はサヤも実も食べられる③スナップ（スナック）エンドウが登場した。日本では、①と③は普通種（背丈2ｍ弱）と矮性種（背丈70〜80cm）の種が販売されている。代表意な品種を紹介しよう。

① サヤエンドウタイプ

　(a) 日本絹莢えんどう
　　ツルありとツルなし。本来は白い花だが、最近の改良種は赤い花もある。早生で、首都圏では4月末から収穫できる。サヤの長さは7〜8cm。

　(b) フランス大莢エンドウ
　　ツルあり。赤い花。(a)より収穫が1週間程度遅れる。サヤの長さは12〜13cm。

　(c) 砂糖エンドウ
　　ツルあり。白い花。早生。実を膨らませて収穫するが、皮が薄いため、食べた感じは③とは異なる。サヤは(a)よりやや短い。

② グリーンピース
　ツルあり。白い花。収穫は①より半月ぐらい遅れる。サヤの長さはいろいろ。

③ スナップ（スナック）エンドウ→写真45
　ツルありとツルなし。白い花。収穫は①より5〜7日遅れる。サヤの長さはいろいろ。

紹介します。小松菜は冬の間も成長を続けますから、その南側にエンドウの種を播くと、冬の北風よけになるからです。

図47　エンドウの栽培カレンダー

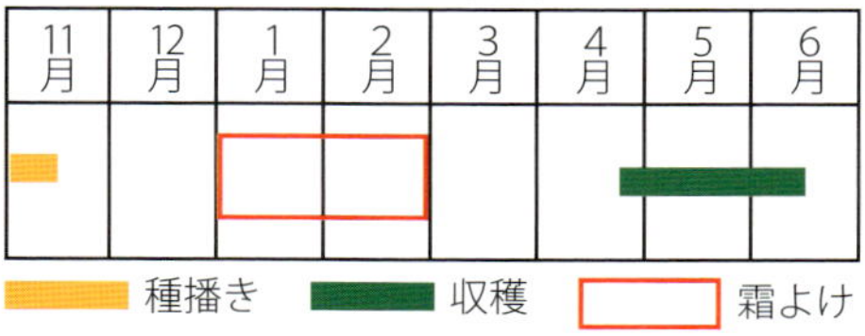

11月	12月	1月	2月	3月	4月	5月	6月

■ 種播き　■ 収穫　□ 霜よけ

小松菜の収穫は、エンドウが伸び始める3月初めまでに終えてください。エンドウに近い側から収穫していきましょう。春菊は日陰でも大きくなるから問題はありません。なお、小松菜の代わりに高菜や山東菜、春菊の代わりにレタスでもいいです。

畑での栽培

◆畝づくりと小松菜・春菊の種播き

　幅90〜110cm、高さ5〜10cmの畝をつくり、堆肥と元肥を入れて、播種床をつくります。ここまでは、小松菜・春菊の項を参照してください。種播きは10月上旬で、畝の中央から北側に1列ずつ、小松菜、春菊の順に播きます。列の間隔は30cmです。

◆エンドウの種播きの準備と種播き

　畝の南側に深さ15〜20cm、幅10cmの溝を1本、小松菜から30cm離してスコップか鍬で掘ります。この溝1ｍあたり、堆肥700ｇと、有機肥料（窒素・リン酸・カリ各5％）なら120ｇと骨粉（リン酸20％含有）30ｇ、有機石灰100ｇか苦土石灰80ｇ、化学肥料（窒素・リン酸・カリ各8％）なら80ｇと過リン酸石灰20ｇ、苦土石灰80ｇか有機石灰100ｇを入れ、掘った土をかけて埋め戻します→132ページ図48。有機肥料を使う場合は、種播きの1〜2週間前までにこの作業を終えてください。

　11月上旬、土をかけて戻した溝に40cm間隔で牛乳ビンの底などを使って

図48 エンドウの種播き

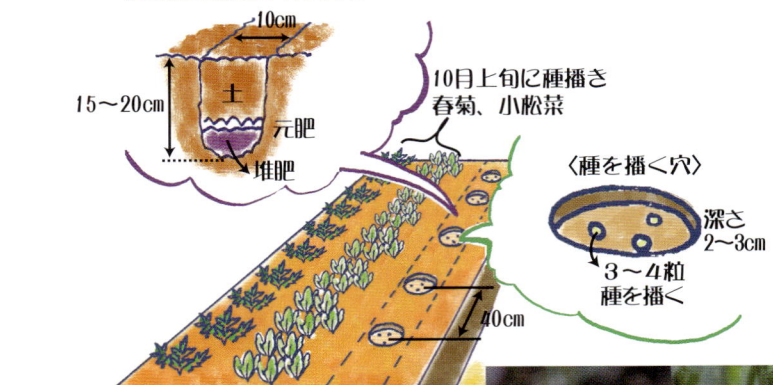

〈堆肥と元肥を入れる穴〉
10cm
15〜20cm
土
元肥
堆肥

10月上旬に種播き
春菊、小松菜

〈種を播く穴〉
深さ2〜3cm
3〜4粒種を播く

40cm
5〜10cm

深さ2〜3cmの穴を開けて種を3〜4粒ずつ播き、土を埋め戻します→**図48**。約1週間で発芽するでしょう。

なお、エンドウを2列植えする場合は、列の間隔を60〜70cmにしてください。

◆その後の管理

本葉が1〜2枚出た段階で、勢いのよい苗を選んで1カ所2本に間引きしましょう。エンドウの苗は、北側の小松菜に守られて育っていきます。エンドウの上に小松菜がかぶさりすぎないように注意するのがポイントです。

冬の太平洋側は非常に乾燥します。エンドウの根元に落ち葉や刈った草を敷いて、乾燥と寒さを防止してください。

また、ハモグリバエを避けるには、冬に暖かくしすぎないことです。私はエンドウにビニールシートを掛けたために被害にあい、苗が全滅した経験があります。

写真46 ハモグリバエの被害の跡が残るエンドウの葉

ハモグリバエにやられた跡

多くの害虫は暖かくなってから活動しますが、ハモグリバエは寒い時期にも活動するのです→**写真46**。

3月ごろになると、地面を這っていたエンドウがどんどん伸びていきます。そこで、高さ150〜180cmの支柱を立てて、キュウリネットを張り、ツルをネットに結びつけましょう→**図49**。支柱の立て方やネットの張り方は、キュウリと同じです。この段階で元肥の半量(有機肥料なら60g、化学肥料なら40g)を追肥として施しましょう。

図49 エンドウのキュウリネット張り

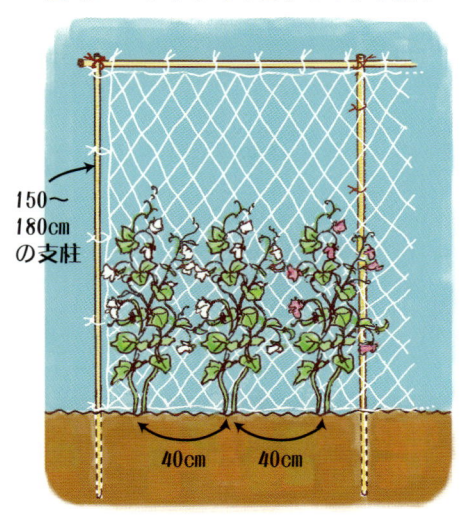

土とは違って、根粒菌が含まれている可能性が高いからです。

次に、堆肥200g、有機肥料なら20gと骨粉（リン酸20％含有）5g、化学肥料なら15gと過リン酸石灰5gを入れます。その上に、小粒の赤玉土をプランターの縁から2～3cmまで入れて、ならしてください→図50。さらに、底から水が流れ出すぐらい、たっぷり水をやりましょう。

そして、プランターの長い辺に平行に3カ所、縦横2～3cmの間隔で、種を約2cmの深さに指で押し込みます→図50。

◆収穫

早ければ4月下旬から収穫できます。最初のうちは少し早採りをしましょう。その後の生育がよくなるからです。ハサミを使ったほうが効率的でしょう。

プランターでの栽培

◆種播きの準備と種播き

根に確実に根粒菌がつくように、標準型プランターに畑や花壇など植物がよく生えていた場所の土を深さ5～8cm程度入れてください。以前マメ科の植物を植えていた土ならベストです。買った赤

◆その後の管理

間引きは畑の場合と同じです。冬の間は南向きの軒下に置いて、寒さをしのいでください。冬の間乾燥させると枯れるので、週1回たっぷり水をやりましょう。

3月になったら高さ1m程度の支柱を立て、畑と同様にネットを張り、追肥します。量は有機肥料なら10g、化学肥料なら8gです。

軒下は水やりの手間が大変なので、春になったら雨の当たるところに出しましょう。雨が少ないときは、2～3日に1回、水をやってください。また、軒下はアブラムシが発生しがちです。発生した場合は、アブラムシめがけて牛乳をスプレーしましょう。

収穫は畑と同じです。

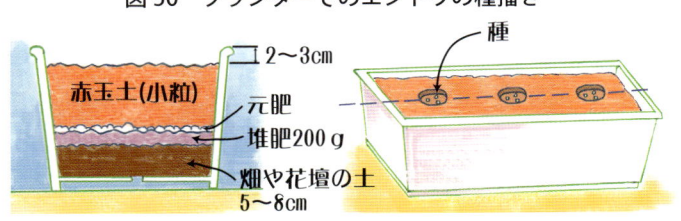

図50 プランターでのエンドウの種播き

18 インゲン
〈マメ科〉

写真47　ツルなし穂高インゲン

表21　栽培ポイント

	ツルなし	ツルあり
つくりやすい	◎	◎
害虫に強い	〇	〇
病気に強い	〇	〇
連作に耐える	△	△
畑向き	◎	◎
プランター向き	◎	△
軒下向き	◎	
日陰に耐える	△〜〇	△〜〇
乾燥に耐える	△	△
収穫期間が長い	△〜×	〇
手がかからない	〇	〇
酸性土壌を好む	△	△

◎　そうだ　　　　　〇　まあそうだ
△　あまりそうでない　×　そうでない

特性

① 三度豆ともいわれ、4〜7月に3回播くことができる。ただし、関東地方以西では、真夏は高温のために結実が悪くなる。とはいえ、半日陰で栽培すれば、そこそこ実をつける。

② 実を太らせると株が消耗する。したがって、初期と盛夏にかけては若採りを心がけ、莢の中の実を太らせないようにしよう。とはいえ、実が太ったインゲンは煮物にすると別の美味しさがある。ほどほどにトライしよう。

③ 連作さえしなければ、病気はあまり出ない。私は、畑を2年あけて栽培している。

④ ダニやアブラムシはある程度つく。だが、ワラや刈った草などを敷き詰めて栽培すれば、天敵が活躍するので、あまり問題はない。

⑤ マメ科でありながら、種播き後急速に成長するため、根粒菌による窒素分の利用力が弱い。

⑥ 無肥料に近い状態では根粒菌が寄生しにくいので、生育初期に少量の窒素肥料を与えたほうがいいというのが定説。しかし、与えすぎるとアブラムシが大発生して手がつけられなくなる。

　種が大きいので播きやすく、栽培も簡単なので、初心者向けです。ツルなしインゲンは播いてから2カ月で収穫できるので、忙しい人向きでしょう。プランター栽培にも向いています。

　原産地はメキシコ南部から中央アメリカで、栽培が始まったのはアンデス高原とのことです。日本には、17世紀に隠元禅師によってもたらされたという説がありますが、これは藤豆だったという異論もあります。明治時代以降に普及しました。

ツルなしインゲンのプランターでの栽培

　ツルなしインゲンの魅力のひとつは、

種類

①ツルなしインゲン
種播きから2カ月で収穫できる。背丈が30～60cmと低いのでプランターでつくりやすい。畑では、カボチャやピーマンと混植して、これらが大きく育つまでのスペースを利用するといい。収穫期間は短い。最近の改良種ほど、1回で収穫が終わりという傾向が強い。江戸川インゲンや穂高インゲンのような在来種は、つくり方しだいでは1カ月ぐらい収穫できる。

②ツルありインゲン
ツルなしインゲンより収穫までの期間が約15日多くかかる。背丈が2m以上に伸びるので支柱を立てるとき手が届くように傾斜させるとよい→137ページ図54。収量が多く、2カ月間は収穫できる。

夏の果菜類のなかでもっとも早く6月上旬に収穫できることです。3月下旬、室内で植木鉢に種を播き、育った苗をプランターに植えれば、5月下旬から収穫できます。

◆種播きの準備と種播き

根粒菌を確実に寄生させるために、プランターに畑や花壇など植物がよく生えていた場所の土を深さ5～8cm入れます。次に、堆肥200g、有機肥料（窒素・リン酸・カリ各5％）なら20gと骨粉（リン酸20％含有）5g、化学肥料（窒素・リン酸・カリ各8％）なら15gと過リン酸石灰5gを入れます。その上に小粒の赤玉土をプランターの縁から2～3cmまで入れて、ならしてください→136ページ図52①。そして、プランターの底から水が流れ出すぐらい、たっぷり水をやりましょう。

プランターの長い辺に平行に、中央に約20cm間隔で3カ所、種を播きます。縦横2cm間隔で3粒、指で深さ約2cmに埋めてください→図52②。4月中は南向きの軒下に移すなど、遅霜に備えます。

◆その後の管理

発芽当初の半月間は土の乾燥に弱いので、水やりを忘れないように気をつけましょう。4月と5月は週1～2回が目安です。

背丈がある程度高くなると倒れやすくなり、サヤが地面についてナメクジなどにかじられがちです。そこで、背丈が10cmぐらいになったら、倒れないように土寄せをします。赤玉土を136ページ図53のように根元に積み上げてください。その上に堆肥を1～2cm敷くと、乾燥も防止できます。積み上げる目安は、本葉が埋まらない程度です。

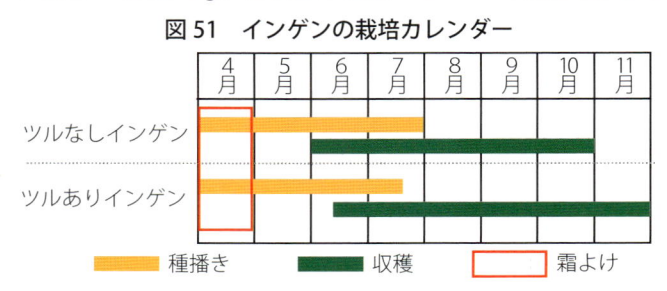

図51　インゲンの栽培カレンダー

	4月	5月	6月	7月	8月	9月	10月	11月
ツルなしインゲン	種播き		収穫					
ツルありインゲン	種播き			収穫				

凡例：種播き／収穫／霜よけ

◆収穫

6月初めから収穫できます。最初の収穫は、あまりサヤを大きくしないうちのほうが、株が疲れません。写真

図52　ツルなしインゲンのプランターでの種播き

図53　ツルなしインゲンの土寄せ

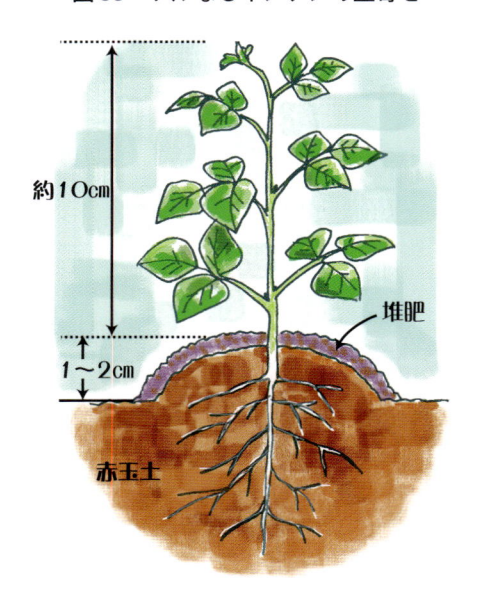

れ、化学肥料を2～3粒撒きます。その上に赤玉土をいっぱいに入れ、底から水が流れ出すぐらいたっぷり水をやりましょう。そして、指で穴を掘り、種を2cmぐらい離して2粒、深さ2cmぐらいに播きます。鉢はポリ袋に入れ、室内の暖かい場所に置いてください。

発芽が始まったら、昼間は戸外に出し、夜は取り込みましょう。本葉が2枚出たら、プランターに20cm間隔で植えます。土や肥料は普通のプランター栽培と同じです。やはり、南向きの軒下など暖かい

48の左側が収穫適期です。追肥の必要はありません。

◆促成栽培

3月末、直径7～8cmの鉢の底に畑か花壇の土を1cm、次に堆肥を1cm入

写真48　6月末に実がなり始めたころの姿

ところに置きましょう。この方法をとると、5月末から収穫できるでしょう。

ツルなしインゲンの畑での栽培

◆種播きの準備と種播き

幅90～110cm、高さ5～10cmの畝を鍬かスコップでつくり、深さ15～20cm、幅10cmの溝を60cm間隔で2本、掘ります。この溝1mあたり、堆肥700gと、有機肥料（窒素・リン酸・カリ各5％）なら120gと骨粉（リン酸20％含有）30g、化学肥料（窒素・リン酸・カリ各8％）なら80gと過リン酸石灰30gを入れ、掘った土をかけて戻してください。有機肥料を使う場合は、種播きの1～2週間前までにこの作業を終えておきましょう。

土をかけて戻した溝をはさんで3列に、手や移植ごてなどを使って20～25cm間隔で深さ2～3cmの穴を開けて、種を2～3粒ずつ播きます。

◆その後の管理

本葉が1～2枚出た段階で、勢いのよい苗を選んで1カ所2本に間引きましょう。背丈が10cmぐらいになったら、プランター栽培と同じように土寄せをします。収穫もプランター栽培と同じです。

ツルありインゲンの畑での栽培

◆種播きの準備と種播き

基本的にツルなしインゲンと変わりません。違うのは以下の3点です。

①種を播く列と株の間隔を60cmにする。
②支柱を立てる。
③土寄せは不要。

◆その後の管理

背丈が高くなるので、長い支柱を立てる必要があります。株の両側に4～5cm離して60cm間隔で長さ約2mの支柱を、地上から約120cmで交差させて、しっかり立ててください。交差したところに畝の長さの支柱を水平に渡し、地面に立てた支柱とシュロ縄などで結びます。インゲンのツルが伸びてきたら、支柱に誘導してやりましょう→図54。

追肥は必要ありません。生育が悪く、葉の色が黄ばんでいる場合のみ、1株あたり5g程度、即効性がある化学肥料（窒素・リン酸・カリ各8％）を与えてください。

図54　ツルありインゲンの支柱立て

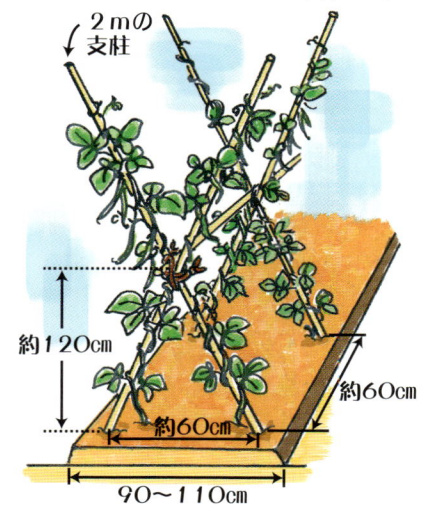

19 パセリ
〈セリ科〉

表22 栽培ポイント

つくりやすい	◎
害虫に強い	○
病気に強い	◎
連作に耐える	○〜△
畑向き	◎
プランター向き	◎
軒下向き	◎
日陰に耐える	○
乾燥に耐える	△
収穫期間が長い	◎
手がかからない	◎
酸性土壌を好む	△

◎ そうだ
○ まあそうだ
△ あまりそうでない

写真49 葉が縮むタイプのパセリ

　パセリは、たくさんは必要ないけれど、香辛料や付け合わせに少し使うのに手元にあると便利なので、ベランダのプランター向きです。この本に載せたなかで、もっともつくりやすいもののひとつでしょう。ただし、年間とおして収穫する場合は、注意が少し必要です。原産地は地中海沿岸で、日本には18世紀にオランダから伝えられました。

特 性

① 2年草で、6〜8月にはトウが立つ。
② 暑さには弱いが、枯れることはほとんどない。半日陰（→36ページ）で栽培すれば、夏も収穫が続けられる。
③ 冬の寒さには強い。5℃以上なら収穫が続けられる。プランターの場合は、南向きの暖かい軒下に置く、夜間だけベタ掛けする、ビニールを掛ける、室内に移すなどの対策を考えよう。
④ 乾燥にはあまり強くない。とくにプランターでは乾きすぎに注意する。
⑤ 病気の心配はないが、黄アゲハのイモムシに注意する。

プランターでの栽培

◆苗の準備

　年中出回りますが、私は5月に本葉4〜5枚以内の苗を買うのをお勧めします。このとき根元にキュウコンネアブラムシ（暖冬で乾燥気味のときに冬を越すと発生）がついていないかチェックしましょう。大きい苗を買うと、6月以降にすぐトウが立つ可能性があります。

　また、最近は小さなポットに数本の苗が育ったものが販売されています。これを買ったら、2本残して（トウが立ったら1本にする）、ハサミで切り落とすことです。こうすれば、根が傷つきません。なお、2本を1カ所で育ててもかまいません。

種 類

　日本で苗が手に入りやすいのは、葉が縮んだタイプ→**写真49**と、縮れがないイタリアンパセリ。後者のほうが香りが強く、背丈がやや高い。

◆植え付け

プランターの底に小粒の赤玉土7割と堆肥3割を入れ、その上に有機肥料（窒素・リン酸・カリ各5％）なら30g、化学肥料（窒素・リン酸・カリ各8％）なら20gを撒きます。次に、縁から2～3cmまで赤玉土を入れてください。そして、中央に20cm間隔で苗を3本植え、底から水が流れ出すぐらいたっぷり水をやりましょう。根が露出していたら、まわりの土をかき集めて隠してください。

◆収穫とその後の管理

6月になると、本葉が10枚以上になります。下葉から摘み取って収穫の開始です。本葉を10枚以上つけておけば、順調に育ちます。収穫したら、有機肥料なら15g、化学肥料なら10gを追肥し、2カ月に1回繰り返します。

このころキアゲハのイモムシの被害が目立ちます。見つけしだい、取り除きましょう。被害にあった葉と茎を切れば、復活します。なお、香りが強いローズマリー、トマト、ネギなどの横に置くと、キアゲハが寄ってこないかもしれません。

梅雨が明けたら、猛暑が過ぎるまで日陰に移します。夏は1日に1回は水をたっぷりやってください。涼しくなる9月中旬からは、日なたに戻します。黄アゲハの発生時期は過ぎ、収穫量が多いころです。冬も収穫を続けたければ、特性③の対策を取りましょう。また、冬の水やりは忘れがちです。1週間に1回は、たっぷり水をやってください。

畑での栽培

ミニトマト、バジルとの混植を考えましょう→51～52ページ。ミニトマトの北側に植えれば、夏の暑さを避けられます。ミニトマトは9月上旬で片付け、背丈が低いラディッシュや小カブに変えて、太陽の光をあてましょう。12月中旬から2月はベタ掛けすれば、冬の収穫を楽しめます。

畝の主役はトマトなので、畝の高さはトマトに合わせます。トマトの北側に20cm以上の間隔で直径と深さ約20cmの穴を掘ります。一つの穴に、堆肥200gと、有機肥料なら20g、化学肥料なら15gを入れ、土を埋め戻してください。有機肥料の場合は、苗を植える1～2週間前までにこの作業を終えておきましょう。

堆肥と肥料を入れたところに、浅植えにします。苗1株に水を約0.2ℓかけ、根が露出したら隠す程度に土をかけましょう。以後、2カ月に1回、元肥の5分の1（有機肥料なら4g、化学肥料なら3g）を追肥してください。

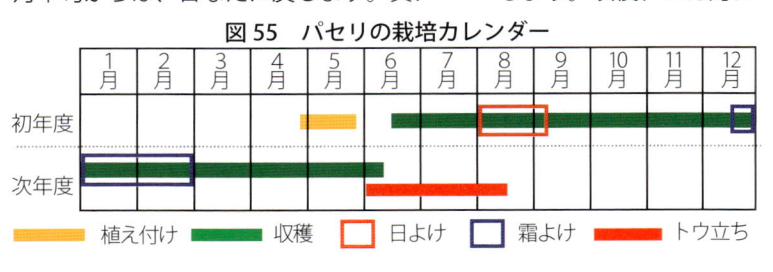

図55　パセリの栽培カレンダー

20 バジル 〈シソ科〉

写真50 プランターに最適なブッシュバジル

表23 栽培ポイント

つくりやすい	◎
害虫に強い	○
病気に強い	◎
連作に耐える	○〜△
畑向き	◎
プランター向き	◎
軒下向き	○
日陰に耐える	△
乾燥に耐える	○
収穫期間が長い	◎
手がかからない	◎
酸性土壌を好む	◎

◎ そうだ
○ まあそうだ
△ あまりそうでない

アジア・アフリカ・アメリカ大陸の熱帯・亜熱帯気候地帯が原産地。スパイシーな香りで、パスタやサラダに重宝します。加熱すると香りが飛びやすいので、パセリより多めに植えたほうがいいでしょう。

栽培は簡単です。葉の形や色が多彩で、花も美しい種類が多いので、花壇材料として使えます。

特性

①家庭菜園用種類は1年草で、実をつけると枯れる。したがって、花が咲いたら早めに切り取ること。
②気温が10℃以上なら成長し、高温多湿にも強い。
③根があまり深くは伸びないので、夏に極度に乾燥すると枯れる場合がある。
④料理と同じように、栽培上でもトマトと相性がよい。いっしょに植えよう。

プランター・畑での栽培

基本的にパセリと同じです。以下、違う点だけ述べます。

◆苗の購入と植え付け

苗を買って植える時期は、4〜7月ならいつでもかまいません。

パセリとは異なり、苗が大きいほど収穫時期が早まり、有利です。また、小さい苗が真ん中に数本生えている場合、植え傷みが少ないので、ていねいにやれば分割できます。ただし、形が悪くなるので、1カ所に2本育てるのは止めましょう。

定植の準備と植え付けは、パセリとまったく同じです→139ページ。パセリほど植え傷みを心配する必要がないため、定植は楽です。植える株の間隔は種類によって異なりますが、20〜30cm

種類

料理用とハーブティー用があり、最近ガーデンセンターや種苗店に多くの種類が出回るようになった。苗を買うときは、必ず香りを確かめること（ラベルが間違っている場合もある）。ここでは料理用のみを取り上げる。

一番ポピュラーなのはスイートバジル。同じ香りのグループに、葉が赤紫色のレッドルービン→写真51やダークオパール、葉が小さいブッシュ（クリーク）バジル→写真50がある。また、ハーブティーにも使えるグループに、シナモンバジル（シナモンの香り、メキシコ料理、花がきれいで茎と葉の一部が紫色）、タイバジル（アニスの香り、タイ料理）などがある。

オリーブオイルとバルサミコ酢でドレッシングをつくり、イタリアンパセリにスイートバジルのグループの葉を刻んで散らしたイタリア風、塩とすり下ろしたニンニクを入れたヨーグルトをかけて、ブッシュバジルを散らしたギリシャ風、酢と塩にシナモンバジルとトウガラシを少し加えたメキシコ風など、各国風のサラダが楽しめる。

写真51　料理用のレッドルービン

が適切でしょう。

畑でトマトと混植する場合は南側に植えます→52ページ。なお、パセリより大きく育つので、追肥はパセリの倍（プランター1個あたり有機肥料（窒素・リン酸・カリ各5％）なら30g、化学肥料（窒素・リン酸・カリ各8％）なら20g、畑1株あたり有機肥料なら12g、化学肥料なら8g）を2カ月に1回、与えます。

◆その後の管理

乾燥に弱いので、夏に株がしおれていたら、1株に約0.4ℓ水をやってください。また、9月ごろ挿し木をして、育った苗を植えたプランターを南向きの暖かい10℃以上の室内に置けば、冬も食卓で香りを楽しめるでしょう。

強い香りがあるバジルには、多くの害虫は寄りつきません。ところが、ヨトウムシは例外で、とくにスイートバジルに被害を与えます。5～6月と9～10月は、葉をこまめにチェックしてください。葉が半透明になっていたら、裏に卵が産みつけられていたり、幼虫がたくさんたかっている可能性が高いです。そうした葉は切り取って、地中深く埋めるか燃えるごみで出してしまいます。

図56　バジルの栽培カレンダー

4月	5月	6月	7月	8月	9月	10月	11月

植え付け：5月～7月
収穫：6月～11月

【著者紹介】

和田直久（わだ・なおひさ）

1931年　北海道生まれ。
小学校低学年から園芸に関心をもち、13歳から野菜づくりを始める。現在は家庭菜園のかたわらファッションとガーデニング関連のコンサルティング活動に従事。

主　著　『育てる食べる楽しむ　スプラウト＆ベビーリーフ』（家の光協会、2005年）、『無農薬キッチンガーデン──コンテナで簡単にできるスプラウトから伝統野菜栽培まで』（学陽書房、2006年）。

無農薬サラダガーデン

2007年5月1日・初版発行

著　者・和田直久

©Naohisa Wada, 2007, Printed in Japan

発行者・大江正章

発行所・コモンズ

東京都新宿区下落合1-5-10-1002
TEL03-5386-6972 FAX03-5386-6945
振替　00110-5-400120

info@commonsonline.co.jp
http://www.commonsonline.co.jp/

イラスト・高田美果

印刷／東京創文社　製本／東京リスマチック
乱丁・落丁はお取り替えいたします。
ISBN 978-4-86187-035-4 C0061

◆コモンズの本◆

教育農場の四季　人を育てる有機園芸	澤登早苗	1600 円
わたしと地球がつながる食農共育	近藤惠津子	1400 円
感じる食育 楽しい食育	サカイ優佳子・田平恵美	1400 円
幸せな牛からおいしい牛乳	中洞正	1700 円
食べものと農業はおカネだけでは測れない	中島紀一	1700 円
地産地消と循環的農業　スローで持続的な社会をめざして	三島徳三	1800 円
みみず物語　循環農場への道のり	小泉英政	1800 円
都会の百姓です。よろしく	白石好孝	1700 円
肉はこう食べよう 畜産をこう変えよう	安田節子・魚住道郎ほか	1700 円
安ければ、それでいいのか！？	山下惣一編著	1500 円
有機農業の思想と技術	高松修	2300 円
食農同源　腐蝕する食と農への処方箋	足立恭一郎	2200 円
有機農業が国を変えた　小さなキューバの大きな実験	吉田太郎	2200 円
いのちの秩序 農の力　たべもの協同社会への道	本野一郎	1900 円
シェフが教える家庭で作れるやさしい肴	吉村千彰	1600 円

〈シリーズ〉安全な暮らしを創る

No.	書名	著者	価格
4	知って得する食べものの話	『生活と自治』編集委員会編	1300 円
5	エコ・エコ料理とごみゼロ生活	早野久子	1400 円
6	遺伝子操作食品の避け方	小若順一ほか	1300 円
7	危ない生命操作食品	天笠啓祐	1400 円
8	自然の恵みのやさしいおやつ	河津由美子	1350 円
9	食べることが楽しくなるアトピッ子料理ガイド	アトピッ子地球の子ネットワーク	1400 円
10	遺伝子組み換え食品の表示と規制	天笠啓祐編著	1300 円
11	危ない電磁波から身を守る本	植田武智	1400 円
12	そのおもちゃ安全ですか	深沢三穂子	1400 円
13	危ない健康食品から身を守る本	植田武智	1400 円
14	郷土の恵みの和のおやつ	河津由美子	1400 円
15	しのびよる電磁波汚染	植田武智	1400 円

価格は税抜き